Deutschbuch

Differenzierende Ausgabe

10

Lern- und Arbeitsheft
für Lernende mit erhöhtem
Förderbedarf im inklusiven Unterricht

Herausgegeben von
Markus Langner

Erarbeitet von
Birgit Ellwart,
Gisela Faber,
Walter Pingl
und Miriam Wiedner
unter Beratung von
Michaela Greisbach

Name: _____

Klasse: _____

Inhaltsverzeichnis

12 Rechtschreibstrategien und Rechtschreibregeln anwenden

13 Rund um Autoren

1 Leben im Netz

Einen Fragebogen ausfüllen

Facebook und YouTube sind soziale Netzdienste. Sie werden vor allem
von jungen Menschen genutzt.

1 Beantworte die Fragen auf dem Fragebogen.

> A Wie alt bist du? ☐
>
> B Bist du bei einem sozialen Netzdienst angemeldet? ja ☐   nein ☐
>
> C Welche sozialen Netzdienste nutzt du?
>
> _____
>
> D Wie oft nutzt du die sozialen Netzdienste?
>
> ☐ mehrmals täglich   ☐ einmal täglich   ☐ mehrmals wöchentlich   ☐ nie
>
> E Welche Netzdienste kennst du? Trage die passende Bedeutung für die aufgeführten
> Netzdienste ein.
> **Tipp:** Nutze auch die Angaben unten oder das Internet.
>
> 1. WordPress _____
>
> _____
>
> 2. Instagram _____
>
> _____
>
> 3. reddit _____
>
> _____
>
> 4. LinkedIn _____
>
> 5. Imgur _____
>
> _____
>
> ---
>
> Netzwerk für geschäftliche Verbindungen · Anwendung einer Webseite
> (Texte und Bilder) · kostenloser Dienst für das Teilen und Diskutieren von Bildern ·
> Webseite, auf der registrierte Benutzer Links oder Texte einstellen können ·
> kostenloser Dienst zum Teilen von Fotos und Videos

Informationen aus Bild und Text entnehmen

1 Betrachte das Bild zum Thema „Kommunikation im Netz".

2 Kreuze an, welche Aussage zu diesem Bild
am besten passt.

☐ Menschen können sich schnell über Dinge
austauschen, die ihnen wichtig sind.

☐ Über die Kommunikation im Internet
kann man sich weltweit austauschen.

3 Lies den gekürzten Text über die Kommunikation im Netz.

Die sozialen Netzdienste im Internet, wie zum Beispiel der Chatdienst WhatsApp, gehören heute

zum Alltag vieler Menschen. Man kann chatten, Daten austauschen und gemeinsam spielen.

Darüber hinaus stellt man auf den Plattformen sein eigenes Profil dar. Das Problem dabei ist,

dass man damit viel Persönliches preisgibt.

5 Die Angaben, wo man wohnt, wann man zu Hause ist und was man gern mag, werden dann

nicht nur von Personen gelesen, die man eingeladen hat. Sowohl die Netzdienstbetreiber als auch

andere Netzdienstbenutzer können diese persönlichen Angaben lesen.

Das Beispiel Facebook mit seinen riesigen Nutzerzahlen zeigt, wie sehr das Internet die heutige

Art der Kommunikation verändert hat. Vor den 1990er Jahren gab es diese Möglichkeiten, online

10 zu kommunizieren oder mit dem Handy zu telefonieren, noch nicht. Die Menschen schrieben sich

Karten und Briefe und man telefonierte von einem Festanschluss aus. Dadurch hatte man vor

allem Kontakt zu den engsten Freunden und der Familie. Man traf sich zu Hause oder an anderen

Orten, statt sich in einem Netzwerk zu besprechen. Die Frage, welche Art der Kommunikation

besser ist, wird heftig diskutiert. Waren die früheren Formen besser oder ist es die Kommunikation

15 im Netz, weil sie praktisch an jedem Ort der Welt und zu jeder Zeit stattfinden kann?

4 Notiere die Nachteile der Kommunikation im Internet.

_____

_____

_____

_____

_____

_____

Aussagen in einem Interview verstehen

Im Forschungsprojekt „Alltagskommunikation heute" hat eine Professorin untersucht,
wie soziale Netzwerke und Smartphones unser Miteinander verändern.

1   **Lies, was die Professorin in einem Interview dazu gesagt hat.**

Die neuen Netzmedien bestehen nicht nur aus schriftlicher Kommunikation, sondern bieten

auch Anlässe für Gespräche. Informationen wie Fotos und Statusmeldungen werden in

der Online-Kommunikation in den sozialen Netzwerken kommentiert oder weiter verbreitet.

In der Offline-Kommunikation (dem persönlichen Austausch) redet man dann auch über

5   die Inhalte, die man sich zugeschickt hat. Damit geht es auch um die gemeinsame Nutzung.

Zudem entwickeln sich auch neue Formen, wie Chatten mit körperlich nicht Anwesenden.

Dies wird von Jugendlichen als gleichrangig zu Offline-Kommunikation angesehen.

Jedes Medium, wie die Sprache, der Chat oder die SMS, hat besondere Eigenschaften.

Es entwickeln sich neue Formen des Umgangs mit diesen Medien. Es gibt einen Wandel von

10   einer einseitigen Kommunikationsform, wie z. B. dem Schreiben einer Mail, zu einer

wechselseitigen Form im Nachrichtendienst WhatsApp. Insgesamt verändert sich

die Kommunikation auch dadurch, dass mehr gezeigt und weniger geschrieben wird. Aber das

eine ersetzt nicht das andere, denn über die Fotos und Bilder sprechen die Personen dann ja auch.

Ein Austausch über Facebook ist sicher kein echter Dialog wie in einem persönlichen Gespräch,

15   aber man bleibt in einem guten Kontakt und erfährt viel voneinander.

2   **Ergänze die Satzanfänge zum Text.**

A   Die neuen Netzmedien bieten _____

_____

B   Offline-Kommunikation bedeutet _____

C   In der Offline-Kommunikation redet man _____

_____

D   Jugendliche sehen Chatten als gleichrangig zur _____

E   Das Schreiben von Mails sieht die Professorin als einseitige _____

_____

F   Durch den Austausch über Facebook erfährt man _____

_____

Informationen aus Tabelle und Kreisdiagramm auswerten

1 **a** Lies die Angaben in der Tabelle im Deutschbuch S. 19.

   b Verbinde die passenden Informationen miteinander.

1995 Classmates	soziales Netzwerk mit dem Schwerpunkt Musik
1998 ICQ	Netzwerk, um alte Schulfreunde zu finden
2003 Myspace	Plattform zur Verbreitung von kurzen Textnachrichten
2004 Facebook	„I seek you: Ich suche dich". Internetchat, kann Nachrichten zeitverschoben versenden
2005 YouTube	soziales Netzwerk mit persönlichen Profilseiten
2006 Twitter	Smartphone-Chat-Dienst für Text-, Bild-, Video- und Tonnachrichten (seit 2014 bei Facebook)
2009 WhatsApp	Videoportal, auf dem Filme angesehen und selbst hochgeladen werden können

2 Überprüfe deine Lösungen mit der Tabelle im Deutschbuch S. 19.

3 Lies das Kreisdiagramm „Kritik von Nutzern an sozialen Internetdiensten".

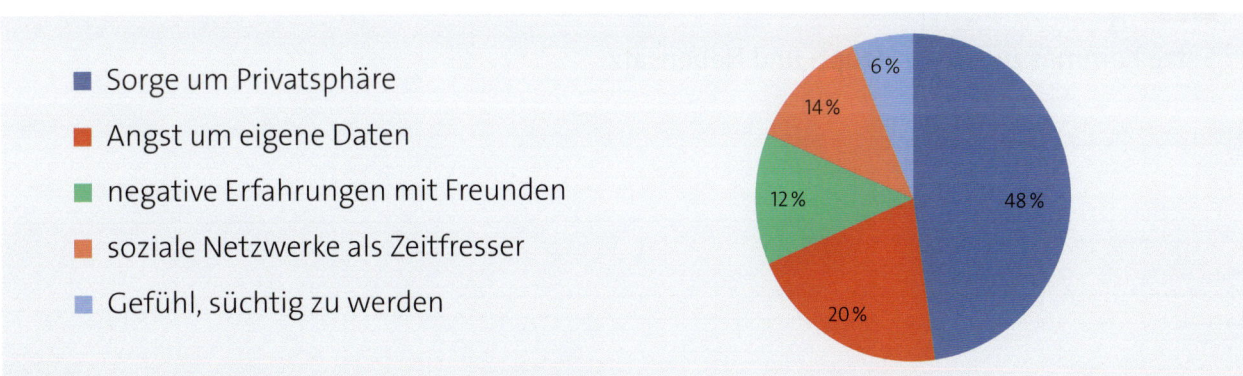

- Sorge um Privatsphäre
- Angst um eigene Daten
- negative Erfahrungen mit Freunden
- soziale Netzwerke als Zeitfresser
- Gefühl, süchtig zu werden

4 Ergänze die Sätze für die Auswertung des Diagramms.

48 % der Nutzer haben _____

20 % der Nutzer haben _____

14 % sehen _____

12 % machten _____

6 % haben _____

Einen Informationstext mit Verknüpfungswörtern schreiben

1   Lies die Sätze für den Text über die Kommunikation im Netz.

A   Ein Leben ohne Facebook oder WhatsApp können sich viele Menschen nicht mehr vorstellen.
Heute gehört das Internet zu unserem Alltag dazu.

B   Früher hatten die Menschen mehr persönliche Kontakte zu ihren Freunden.
Es gab keine Möglichkeit, online zu kommunizieren.

C   Durch das Internet ist es leichter, Kontakt zu vielen Menschen zu pflegen.
Zu jeder Zeit und an jedem Ort kann man sich austauschen.

D   Telefonate führte man früher vom Festnetz aus.
Das Handy gab es erst in den 1990er Jahren.

E   Internetkommunikation verändert die Art des Austauschs.
Es werden nicht nur Texte, sondern auch Bilder, Fotos und Filme geteilt.

F   Es gibt aber auch Probleme mit den sozialen Netzdiensten.
Persönliche Angaben können von Personen gelesen werden, die man gar nicht eingeladen hat.

2   **a**   Lies das Beispiel für die Verknüpfung der ersten beiden Sätze.

A   Ein Leben ohne Facebook oder WhatsApp können sich viele Menschen nicht mehr vorstellen,
weil das Internet heute zu unserem Alltag gehört.

b   Schreibe die Sätze B–F mit den Verknüpfungswörtern *denn, da* und *weil*.
Tipp: Durch die Verknüpfung ändert sich bei *da* und *weil* die Stellung des Verbs im Nebensatz.

c   Setze Kommas zwischen Haupt- und Nebensatz.

B   _____

_____

C   _____

_____

D   _____

_____

E   _____

_____

F   _____

_____

Teste dich!

1 Lies den Text über die Kommunikation in der Zukunft.
Im Text sind alle Nomen kleingeschrieben.

2 **a** Wende die Nomenprobe an. Lies dazu noch einmal im Schülerbuch die Merkkästen auf S. 315.

b Schreibe die Nomen dann richtig über die Zeilen.

Handy

Was kommt wohl nach dem handy? In einem institut in dresden arbeiten forscher

VORSICHT FEHLER!

an einer speziellen datenbrille. In der brille sollen viele leuchtdioden ein bild erzeugen,

zum beispiel eine weltkarte. Die dioden sind dabei auf die augen gerichtet. Indem man hinschaut,

bewegt man den zeiger auf der weltkarte. In der zukunft könnte man mit den brillen dann auch

5 kommunizieren. Man würde mit den augen die nummer eines freundes wählen, mit ihm reden

und dabei würde im sichtfeld der weg zu einem treffpunkt eingeblendet. In kanada entwickelten

einige forscher eine technik, mit der eine person als hologramm dargestellt wird. Die person hat

ein display in form eines zylinders vor sich. Damit können sich die gesprächspartner von allen

seiten betrachten. Manche erfinder in den USA denken, dass in der zukunft auch ein armband

10 zu einem sender werden könnte. Die ausgesendeten informationen über uns, z. B. unser alter

und unsere hobbys, könnte dann jeder sofort erfahren. Ob wir das wollen, ist eine andere frage.

3 Welche der folgenden Aussagen treffen zu? Kreuze an.
Tipp: Nur vier Aussagen sind korrekt.

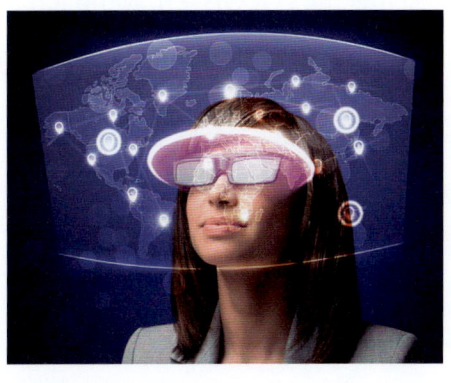

☐ Forscher in Leipzig arbeiten an einer Spezialbrille.

☐ Sie stellt mit Hilfe von Leuchtdioden Bilder her.

☐ Die Brille verfolgt die Bewegung der Augen.

☐ Wahrscheinlich kann man die Brille irgendwann einmal
zur Kommunikation benutzen.

☐ Es ist technisch machbar, Menschen in Form von Hologrammen abzubilden.

☐ Bald könnte auch ein Halsband Informationen über uns aussenden.

Die Rebellion der Maddie Freeman – Einen Textauszug lesen (Teil 1)

1 Lies den gekürzten Auszug 1 aus dem Roman. Maddie erzählt von ihrem Leben im Jahr 2060.

Katie Kacvinsky

Die Rebellion der Maddie Freeman (2011) – Auszug 1

An meinem 17. Geburtstag überrascht mich meine Mutter mit einem Tagebuch als Geschenk. Die leeren Seiten wirken so, als sei die Geschichte verloren gegangen. Meine Mutter erklärt mir, dass ich in diesem Buch selbst eine Geschichte schreiben soll.

In der heutigen Zeit werden keine Bücher aus Papier mehr hergestellt, denn Bäume fällen ist

5 verboten. Ich habe noch nie einen echten Baum gesehen, obwohl es wohl noch einige davon gibt. In unseren Großstädten stehen Kunstpflanzen. Die meisten Leute suchen sich im Online-Shop perfekte Baummodelle aus. Diese werden dann in wenigen Tagen geliefert und fest in den Gärten zementiert. Die Kunstbäume haben viele Vorteile. Sie werfen kein Laub ab, sind feuerfest und man bekommt keinen Heuschnupfen mehr. Viele der echten Bäume sind gestorben, als es immer mehr

10 Waldbrände gab. Deshalb verbot man auch die Herstellung von Büchern. Heutzutage wird alles digital heruntergeladen. In Sekundenschnelle ist es dann auf der Festplatte. Mit Zipfeed lasse ich die Texte dann umwandeln und sie werden mir laut vorgelesen. Natürlich kann ich auch selbst lesen, das habe ich in der Digital School (DS) gelernt. Aber die Wissenschaft hat herausgefunden, dass man schneller lernt, wenn man Inhalte hört. Dadurch kam es auch zu der Gesetzesänderung,

15 die unsere Welt verwandelt hat. Und deshalb höre ich meine Bücher, statt sie zu lesen. Meine Mutter schenkt mir allerdings jedes Jahr ein paar Bücher zum Selbstlesen. Sie hat ihre alten Romane aufbewahrt. Mir gefällt das Lesen sogar, denn dann bin ich ganz bei der Sache. Nun soll ich im Tagebuch aber auch noch etwas mit der Hand schreiben. So etwas gibt es bei uns schon seit zwanzig Jahren nicht mehr. In der DS hat man uns zwar gezeigt, wie man schreibt.

20 Doch das haben wir nur als Simulation an unseren Flipscreens ausprobiert. Ich habe ein schlechtes Gewissen, wenn ich auf leeres Papier schreibe. Die Reinheit des Papiers erscheint mir wertvoller und interessanter als alles, was ich schreiben könnte. Mein Leben ist nicht aufregend, im Gegenteil. Jede Minute ist kontrolliert und festgelegt. Es gibt nur einen schmalen Pfad, auf dem ich mich bewegen kann. Außerdem, warum sollte ich etwas aufschreiben, was niemand

25 außer mir lesen kann? Normalerweise sind Millionen von Leuten an allem beteiligt, was ich sage und tue. Ich bekomme Massen von Feedback auf meine getippten Gedanken. Warum sollte ich also meine Gedanken in einem Buch verstecken? Richtig geheim halten lässt sich sowieso nichts.

2 **a** Unterstreiche Textstellen mit Informationen, die du gut findest, grün.

b Unterstreiche Textstellen mit Informationen, die du problematisch findest, rot.

Die Rebellion der Maddie Freeman – Einen Textauszug verstehen

Die Welt, in der Maddie Freeman im Jahr 2060 lebt,
ist anders als unsere heutige Welt.

1 **Beantworte die Fragen zum Text in Stichworten.**

A Was denkt Maddie über die leeren Seiten im Tagebuch?

_____

B Was wird im Jahr 2060 nicht mehr hergestellt?

_____

C Was ist im Jahr 2060 verboten?

_____

D Was findet Maddie vorteilhaft an Kunstbäumen?

_____

E Mit welchem Programm lässt sie die Texte umwandeln? _____

F Wie heißt die Schule von Maddie? _____

G Wie hat sie in der Digital School das Schreiben gelernt?

_____

H Wie beschreibt Maddie ihr Leben im Jahr 2060?

_____

I Warum findet Maddie es nicht sinnvoll, ins Tagebuch zu schreiben?

_____

J Was denkst du über den Satz „Richtig geheim halten lässt sich sowieso nichts"?

_____

_____

K Würdest du gern im Jahr 2060 leben? Begründe deine Meinung.

_____

_____

Die Rebellion der Maddie Freeman – Einen Textauszug lesen (Teil 2)

Maddies Vater ist der Erfinder der Digital School (DS). Er wollte einen Lernort ohne Gewalt und Drogen schaffen. Alle Kinder sollten später ein glückliches digitales Leben führen können. Maddie erzählt in dem Auszug von einem Protest, den sie mit einer Gruppe geplant hatte.

1 Lies den gekürzten Auzug 2 aus dem Roman.

Katie Kacvinsky

Die Rebellion der Maddie Freeman (2011) – Auszug 2

Die Gruppe, die ich mit fünfzehn kennen gelernt habe, plante einen Protest gegen die DS.

Dazu brauchte sie Informationen über die Standorte der Funktürme, von denen die Digital-School-

Inhalte gesendet wurden. Diese Informationen waren auch auf dem Computer meines Vaters.

Ich hackte mich in seine Unterlagen ein und arbeitete mich zu seinen geheimen Akten vor.

5 Ich bin nicht sicher, warum ich meinen Vater so hintergangen habe. Vielleicht war ich nur

rebellisch. Oder ich spürte, dass ich etwas im Leben verpasse. Draußen gab es eine riesige Welt,

die auf mich wartete, und ich lebte in der erdrückenden Enge. Ich schickte also der Gruppe

die gewünschten Informationen. Ich glaubte, sie würde eine Botschaft an alle schicken und die DS

damit bekämpfen. Aber die Aktivisten versuchten, die Funktürme zu zerstören und das ganze

10 Digitalsystem lahmzulegen. Nach einigen gelungenen Anschlägen wurde die Gruppe

festgenommen.

Der Polizei gelang es, den Datenstrom bis zum Computer meines Vaters zurückzuverfolgen.

Ich gestand alles und bekam als Strafe drei Jahre auf Bewährung.

Heute wird alles überwacht, was ich tue. Meine Online-Gespräche werden mitgelesen,

15 die Websites, die ich ansehe, werden überprüft. Sogar mein Handy wird abgehört. Jeden Tag

bekommt mein Vater einen Bericht über meine Aktivitäten im Internet und über alle Personen,

denen ich begegnet bin. Es wird nicht laut gesagt, aber wir wissen, dass ich in

ein Umerziehungscenter geschickt werde, wenn ich mich nicht mustergültig verhalte.

Meine Mutter gibt sich teilweise selbst die Schuld an meiner rebellischen Natur. Immerhin hat

20 sie mich stets ermutigt, auch die Welt außerhalb der Bildschirme zu sehen.

2 Ergänze die Satzanfänge.

Maddie schickte die Informationen an die Gruppe, weil sie _____

_____

Die Aktivisten hatten andere Pläne, denn sie versuchten, _____

_____

Maddie Freeman – Eine Romanfigur beschreiben

Die Auszüge aus „Die Rebellion der Maddie Freeman" handeln von der Romanfigur Maddie.
Mit einem Figureninterview kannst du festhalten, was du über Maddie erfahren hast.

1 Lies die Antworten, die Maddie Freeman in einem Figureninterview geben könnte.

Ich bin 17 Jahre alt.

Ich dachte, die Aktivisten würden nur Botschaften schicken.

Ich habe Informationen aus dem Computer meines Vaters an eine Gruppe weitergegeben.

Mein Vater ist der Erfinder der Digital School.

Meine Mutter wollte, dass ich auch die Welt außerhalb des Bildschirms sehe.

Ich habe für meine Rebellion eine harte Strafe bekommen.

Ich werde überwacht, mein Handy wird abgehört und mein Online-Verhalten wird überprüft.

Ich lerne in der Digital School.

2 Übertrage die Antworten für eine Figurenbeschreibung von der Ich-Form in die Sie-Form.

Wer ist Maddie Freeman?

<u>Maddie Freeman ist</u> _____

<u>Ihr Vater</u> _____

_____

_____

_____

_____

_____

_____

_____

Zwischenüberschriften zuordnen

1 Lies die gekürzten Materialien über Jugendbeteiligung in der Gesellschaft.

Durch digitale Medien ist es für Kinder und Jugendliche leichter möglich, sich über wichtige Dinge in der Gesellschaft zu informieren. Sie können Fragen zu Themen stellen und eigene Gedanken dazu vorbringen. Das nennt man „Politische Teilhabe" oder „Politische Partizipation".
Die Ministerin für Familie, Senioren, Frauen und Jugend, Caren Marks, sagte: „Ohne Nutzung der
5 digitalen Medien ist Jugendpolitik heute nicht mehr umsetzbar." Wie die zukünftigen Vorgaben auf Teilhabe umgesetzt werden können, zeigen die Modellinitiativen „youthpart" und „peer".

Name	Wirkungsort	Beschreibung
Youthbank.de	Deutschland	unterstützt kleine Initiativen (3 bis 10 Jugendliche), es gibt Tipps und Geld (bis zu 400 Euro)
Peerhochdrei.de	Deutschland	unterstützt Projekte zur Jugendarbeit, stellt erprobte Ideen online zur Verfügung
Ypart.de	weltweit	Plattform, auf der Jugendliche gemeinsam Ideen und Vorschläge einbringen, darüber abstimmen und Projekte starten.

Drei Formen der Teilhabe mit Hilfe des Internets lassen sich unterscheiden:

sich positionieren: Jugendliche können sich zu bedeutsamen Themen äußern.
Eine besondere Form der Positionierung ist das „Liken" von Inhalten auf Facebook.

sich einbringen: Man kann z. B. eine noch nicht durchdachte Meinung äußern und dann
5 mit mehreren Nutzern in Kontakt treten. Im Unterschied zum „Liken" bezieht man sich in einem Diskussionsforum aufeinander.

andere aktivieren: Durch Links zu Online-Unterschriftenaktionen kann gemeinsames Handeln angestoßen oder unterstützt werden, z. B. Protestschreiben an Politiker.

2 Schreibe die Zwischenüberschriften passend über die Informationsmaterialien.
Achtung: Eine Überschrift passt nicht.

Übersicht über Projekte und Plattformen   Digitale Jugendbeteiligung stärken

Jugendliche im Bundestag   Formen der Partizipation von Jugendlichen im Internet

Einen Informationstext über digitale Jugendbeteiligung schreiben

1 Lies den Informationstext über „Partizipation im Internet".
Die Textteile stehen in einer falschen Reihenfolge.

> Ein Beispiel für Teilhabe im Internet ist die Initiative „youthbank.de".
> In diesem deutschen Projekt werden kleine Gruppen von Jugendlichen mit Tipps und Geld unterstützt.

> Es gibt unterschiedliche Arten von Teilhabe im Netz: Man kann a) sich positionieren, b) sich einbringen und c) andere aktivieren. Verschiedene Plattformen unterstützen Initiativen und Projekte von Jugendlichen.

> Wie können Jugendliche politisch aktiv werden?

> Durch das Internet ist es heute für Jugendliche leichter möglich, sich über wichtige Dinge zu informieren und eigene Gedanken dazu zu äußern. Diese Möglichkeit der Teilhabe wird auch E-Partizipation genannt.

2 Schreibe den Informationstext in der richtigen Reihenfolge auf.

Überschrift **Wie** _____

Einleitung _____

_____

_____

_____

_____

Hauptteil _____

_____

_____

_____

_____

_____

Schluss (mit Beispiel) _____

_____

_____

_____

2 Umgang mit Gewalt

Situationen zuordnen

Gewalt und aggressives Verhalten erfüllen eine Reihe von Funktionen, nicht nur bei Jugendlichen.

1 Lies die Angaben über die Funktionen von Gewalt.

A Gewalt als Männlichkeitsbeweis
Mut und Kampfbereitschaft gehören zur Darstellung
von Männlichkeit in vielen Kulturen.

B Gewalt als Kommunikationsmittel
Gewalt ist für viele Menschen ein Ausdruck einer verzweifelten
Situation. Gleichzeitig wird Gewalt aber auch als Möglichkeit
gesehen, Forderungen durchzusetzen, wenn andere Mittel
versagt haben.

C Gewalt als Mittel gegen Langeweile und Frust
Für viele Jugendliche erscheint der Alltag gleichförmig und
uninteressant. Eigene Gewalthandlungen werden dabei oft
als rauschartiger Zustand erlebt.

D Gewalt als Gegengewalt
Viele Menschen, die Gewalt ausüben, haben Gewalt selbst erlebt.
Sie fühlen sich als Geschlagene, die nun zurückschlagen.

E Gewalt als Faszination
Durch Gewalthandlungen wird klar, wer der Stärkere und wer der Schwächere in unklaren
Situationen ist. Damit wirkt Gewalt für die Personen faszinierend und schafft eine scheinbare
Eindeutigkeit der Lage.

2 a Lies die Situationsschilderungen.

b Notiere, welche Funktion von Gewalt in den Situationen vermutlich vorliegt.

A Im Bus spuckt Nico aus Langeweile seinem Vordermann, den er gar nicht kennt, ins Haar.
Anschließend lacht er höhnisch.

Gewalt als _____

B Yasmin hat wieder einmal wegen schlechter Noten Ohrfeigen von den Eltern bekommen.
Nun schlägt sie zurück: In der Schule schüttet sie absichtlich Cola auf die neuen Schuhe
einer Mitschülerin.

Gewalt als _____

C Luca und Alexander wollen wissen, wer den anderen im Ringkampf besiegen kann.
Alexander bringt Luca mit einem harten Schlag zu Boden. Luca blutet daraufhin am Kopf.

Gewalt als _____

Lehrer ohrfeigt Schüler – Argumente ergänzen

In Frankreich sorgte ein Vorfall in der Schule für Aufsehen und Empörung.

1 Lies den gekürzten Zeitungsartikel.

Lehrer in Frankreich ohrfeigt Schüler – und bekommt Zustimmung (2008)

Vor versammelter Klasse ermahnte ein 49-jähriger Lehrer in Berlaimont einen Schüler

zur Ordnung. Das Pult des 11-jährigen Schülers war ein einziges Chaos aus Heften und Büchern.

Da der Schüler darauf nicht reagierte, schob der Lehrer sämtliche Sachen vom Tisch.

„Arschloch", schimpfte der Sechstklässler, und der Lehrer verpasste ihm eine Ohrfeige.

5 Er entschuldigte sich später und sagte, dass es ein reiner Reflex war. Noch niemals zuvor habe

ihn ein Schüler so behandelt. Der Schüler wurde für die Beleidigung drei Tage von der Schule

verwiesen. Der Vater des Jungen, ein Polizist, zeigte den Lehrer an. Der Lehrer wurde für

24 Stunden im Gefängnis eingesperrt. Seitdem belagern Fernsehteams die Schule.

Der Pädagoge wurde einerseits öffentlich kritisiert, viele Menschen äußerten aber auch

10 Sympathie für ihn. Bildungsminister Darcos zeigte Verständnis für den Lehrer. Er meinte, dass

mehr Lehrer Opfer von Schülergewalt seien als umgekehrt. Zwar habe der Lehrer schlecht

reagiert, aber der Junge sei schon oft durch seine brutale Art aufgefallen.

Auch Frankreichs Premierminister Fillon unterstützte den Lehrer und meinte, Lehrer benötigten

Disziplin und Respekt in ihrem Unterricht. Die Ohrfeige sei dennoch keine gute Lösung gewesen

15 und nicht zu entschuldigen. Fillon fand es aber schockierend, dass ein Lehrer für dieses Handeln

eingesperrt wurde.

2 Ergänze die Argumente der beiden Minister zu dem Vorfall.

A Bildungsminister Darcos: Ich habe Verständnis für den Lehrer, denn _____

_____

Zwar hat der Lehrer schlecht reagiert, aber _____

_____

B Premierminister Fillon: Ich unterstütze den Lehrer, denn _____

_____

Die Ohrfeige war keine gute Lösung, aber ich finde es _____

_____

Mehr Liebe, weniger Hiebe – Argumente ermitteln

Über den Wandel der Kindererziehung in Deutschland hat der bekannte Gewaltforscher
Christian Pfeiffer geschrieben.

1 Lies den gekürzten Text aus dem Jahr 2012.

Im Jahr 2000 hat Deutschland das elterliche Recht, die eigenen Kinder zu schlagen, gestrichen.
Viele Staaten, wie z. B. die USA, Frankreich und Großbritannien, konnten sich bisher noch nicht
zu diesem Schritt entschließen. Das ist überraschend, da die negativen Wirkungen des Schlagens
von Kindern in vielen Untersuchungen festgestellt wurden. So führte das Kriminologische
5 Forschungsinstitut 2007/2008 eine Studie durch. Die Befragung von 45 000 Neuntklässlern ergab:
Massiv geschlagene Kinder werden später sechsmal häufiger zu Gewalttätern als gewaltfrei
erzogene. Dreimal so oft geraten sie in kriminelle Jugendcliquen. Sie nehmen fünfmal häufiger
regelmäßig Drogen. Geschlagene Kinder schwänzen viermal häufiger für mindestens zehn Tage
im Jahr die Schule.
10 Die Folgen bei Erwachsenen, die in der Kindheit geschlagen wurden, zeigten sich in
den Ergebnissen einer anderen Befragung. So wollen diese Personen dreimal häufiger eine
Schusswaffe besitzen, um sich mächtiger zu fühlen. Außerdem sind sie eher für harte Strafen
sowie für die Todesstrafe.
Wichtige Erkenntnisse über diese Zusammenhänge geben die Ergebnisse aus dem Jahr 2011.
15 Der Anteil der Kinder, die gewaltfrei aufwachsen, hat sich fast verdoppelt. Der Anteil der massiv
geschlagenen Kinder ist stark zurückgegangen. Dieser Wandel der Erziehungskultur ist sicher
mitentscheidend dafür, dass die Jugendgewalt seit einigen Jahren zurückgeht. Kinder werden
heute von ihren Eltern weniger geschlagen und liebevoller erzogen als vor 20 oder 30 Jahren.

2 Welche Folgen hat es für Erwachsene, wenn sie in der Kindheit geschlagen wurden?
Markiere die Stelle im Text.

3 Notiere die wichtigsten Argumente gegen das Schlagen von Kindern aus der Befragung
von 2007/2008.

Massiv geschlagene Kinder werden _____

_____

_____

_____

Schläge trotz Gesetz – Gründe untersuchen

Kinder haben ein Recht auf gewaltfreie Erziehung. Dennoch schlägt in Deutschland fast
die Hälfte der Eltern ihre Kinder.

1 Lies die Ergebnisse einer Untersuchung von 2012 und
die Aussagen der Pädagogin Melitta Walter dazu.

In einer Umfrage gaben etwa 40 Prozent der Eltern an,

ihre Kinder mit Klapsen auf den Po zu strafen.

Etwa 10 Prozent verteilen Ohrfeigen. Die Studie ergab,

dass es bei der körperlichen Bestrafung einen Unterschied

5 zu früher gibt. Die meisten Mütter und Väter heute

schlagen nicht, um ihre Macht zu zeigen, sondern fühlen

sich manchmal hilflos. Die meisten Eltern haben nach

der Bestrafung ein schlechtes Gewissen.

Warum schlagen Eltern ihre Kinder?

Frau Walter äußert zu den Ergebnissen der Studie, dass Eltern ihre Kinder schlagen, wenn sie

10 überfordert sind. Sie verlieren die Beherrschung über sich und andere. Man sollte bei

der körperlichen Bestrafung durch Eltern klar unterscheiden zwischen einem „einmaligen

Ausrutscher" und der regelmäßigen Gewalt gegenüber den Kindern. Eltern wissen heute,

dass sie mit Schlägen ihre Macht als Erwachsene gegenüber ihren Kindern missbrauchen.

2 Welche beiden Beispiele für körperliche Bestrafung werden im Text genannt? Markiere sie.

3 Beantworte die Fragen zum Text in vollständigen Sätzen.

A Was sind die Gründe für die körperliche Bestrafung im Unterschied zu früher?

_____

_____

B Was haben die meisten Eltern nach der körperlichen Bestrafung?

_____

C Was sollte man bei der körperlichen Bestrafung durch Eltern unterscheiden?

_____

D Was wissen heute die meisten Eltern, wenn sie ihre Kinder geschlagen haben?

_____

_____

Strafe für den Vater? – Argumente sammeln

1 Lies den Text über eine Ohrfeige mit Folgen.

Ein fünfjähriger Junge hatte sich von der Hand seines Vaters losgerissen und wollte auf

eine vielbefahrene Straße laufen. Der Vater eilte schimpfend hinter seinem Kind her.

Er gab ihm eine Ohrfeige. Dann brachte er den Jungen in einen Hauseingang und

schlug nochmals zu. Passanten drohten dem Vater daraufhin mit einer Anzeige,

weil er gegen sein Kind Gewalt angewendet habe.

2 Lies die Argumente, die in einer Podiumsdiskussion zu diesem Vorfall genannt werden.

A **Gewalt gegen Kinder muss immer bestraft werden,**
   – denn geschlagene Kinder werden häufiger zu Gewalttätern.
   – weil geschlagene Kinder sich häufiger in gewalttätige Jugendcliquen begeben.
   – da geschlagene Kinder eher zu Drogen greifen.
   – da geschlagene Kinder häufiger zu Schulschwänzern werden.

B **Das Gesetz sollte nicht in die elterliche Erziehung eingreifen,**
   – wenn Eltern ihre Kinder schützen wollen.
   – weil Kinder in diesem Alter andere Strafen noch nicht verstehen.
   – denn Eltern haben schließlich auch die Verantwortung für ihre Kinder.
   – da in anderen Ländern dieses Gesetz nicht im Gesetzbuch steht.

C **Elterliche Gewalt ist abzulehnen, es gibt aber Ausnahmen,**
   – wenn Eltern sich überfordert fühlen und einmal die Beherrschung verlieren.
   – denn es muss unterschieden werden zwischen regelmäßiger Gewalt und einem Ausrutscher.
   – wenn Eltern einsehen, dass sie durch Schlagen ihre Macht missbrauchen.
   – weil es gefährliche Situationen mit Kindern gibt und die Eltern die Verantwortung haben.

3 Schreibe deine Meinung zu diesem Fall mit zwei Argumenten auf.

Der Vater sollte für seine Tat bestraft / nicht bestraft werden, _____

_____

_____

_____

Teste dich!

1 **a** Lies die gekürzten Redebeiträge aus einer Podiumsdiskussion.

b Kreise bei den Satzfortsetzungen die Buchstaben ein, die jeweils zutreffen.

Redebeiträge der Teilnehmer	Welche Satzfortsetzung ist passend?
Ein Vater: Der Staat sollte mir nicht verbieten, meinem Kind eine Ohrfeige zu geben. Wenn mein Sohn zum dritten Mal nicht tut, was ich sage, kann nicht der Staat entscheiden, wo ich die Grenzen setze.	Der Vater äußert seinen Standpunkt und **N** nennt zwei Argumente. **R** gibt ein anschauliches Beispiel. **M** entkräftet einen Einwand.
Eine Wissenschaftlerin: Es klingt verständlich, dass Sie als Elternteil entscheiden wollen, wie Sie erziehen.	Die Wissenschaftlerin antwortet auf die Rede und **Z** nennt ein Gegenargument. **W** entkräftet das Argument des Vaters. **E** äußert Verständnis für die Position des Vaters.
Die Wissenschaftlerin: Allerdings ist dadurch Ihr Kind vielleicht für die Zukunft geschädigt. Das dürfen Eltern nicht entscheiden.	Sie greift die Argumentation des Vaters auf und **O** weist auf die Gesetzeslage hin. **U** bezeichnet das Argument als unlogisch. **C** weist auf die Zukunft der Kinder hin, die wichtiger ist als das Erziehungsrecht der Eltern.
Der Vater: Kein Elternteil will eine Erziehung mit Gewalt. Natürlich ist Gewalt abzulehnen. Aber Eltern sollten nicht bestraft werden, wenn ihnen mal die Hand ausrutscht.	Der Vater verändert seine Position, denn **B** er erklärt jede elterliche Gewalt für richtig. **D** er fordert, dass Gewalt in jedem Fall verboten werden sollte. **H** er lehnt Gewalt nun selbst ab, findet aber, dass nicht jeder „Klaps" zu bestrafen ist.
Die Wissenschaftlerin: Sie haben Recht. Gewaltfreie Erziehung ist für viele Eltern selbstverständlich. Aber es geht nicht um eine einmalige Ohrfeige. Kinder müssen vor regelmäßiger Gewalt geschützt werden.	Die Wissenschaftlerin **L** will, dass auch einmalige Ohrfeigen bestraft werden. **T** macht deutlich, dass das Gesetz Kinder vor regelmäßiger Gewalt schützen will. **P** ist sich nun mit dem Vater völlig einig.

c Die eingekreisten Buchstaben ergeben ein Lösungswort. Trage es ein.

<table><tr><td>　</td><td>　</td><td>　</td><td>　</td><td>　</td><td>　</td></tr></table>

Pro- und Kontra-Argumente untersuchen

Es gibt sehr unterschiedliche Meinungen darüber, ob Gewaltspiele am Computer
zu erhöhtem aggressiven Verhalten führen oder nicht.

1 Lies die Argumente, die von Wissenschaftlern genannt werden.

A Gewaltspiele im Internet sind nicht gefährlicher als Filme, Bücher und Fernsehen.

B Die Bereitschaft für aggressives Verhalten kann sich durch Gewaltspiele steigern.

C Die Ergebnisse über die negative Wirkung von Gewaltspielen bei den Nutzern sind
nicht eindeutig.

D Der Umgang mit Gewaltspielen ist nicht der Hauptgrund für höhere Gewaltbereitschaft.

E Man findet aggressives Verhalten eher normal, wenn man sehr häufig
mit Gewaltspielen umgeht.

2 Trage die passenden Argumente zu den Pro- und Kontra-Meinungen ein.

Pro: Gewaltspiele erhöhen die Gewaltbereitschaft.

_____

_____

_____

Kontra: Gewalt hat mit den Gewaltspielen wenig zu tun.

_____

_____

_____

_____

_____

Eine Grafik auswerten

1 Lies die Angaben in der Grafik.

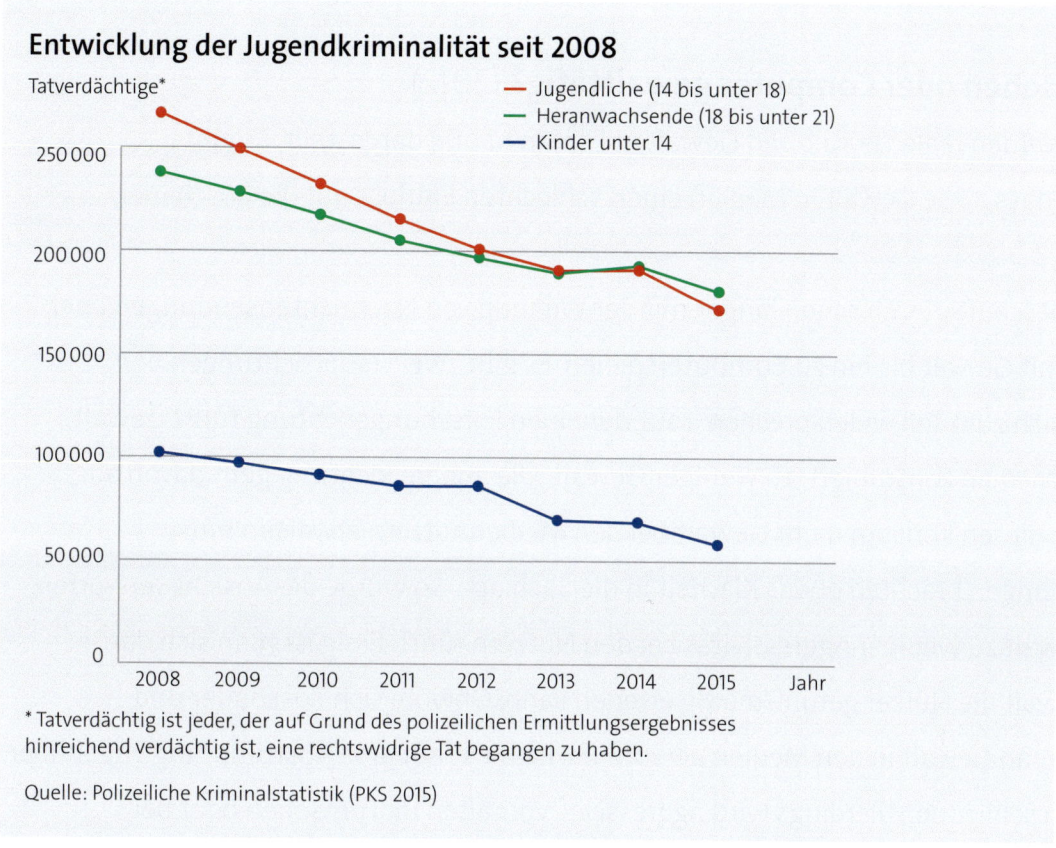

Entwicklung der Jugendkriminalität seit 2008

Tatverdächtige*

— Jugendliche (14 bis unter 18)
— Heranwachsende (18 bis unter 21)
— Kinder unter 14

250 000

200 000

150 000

100 000

50 000

0

2008   2009   2010   2011   2012   2013   2014   2015   Jahr

* Tatverdächtig ist jeder, der auf Grund des polizeilichen Ermittlungsergebnisses
hinreichend verdächtig ist, eine rechtswidrige Tat begangen zu haben.

Quelle: Polizeiliche Kriminalstatistik (PKS 2015)

2 Welche Aussagen über den Inhalt der Grafik sind richtig? Kreuze an.

☐ In den Jahren 2008 bis 2015 hat sich die Jugendkriminalität deutlich erhöht.

☐ Die Jugendkriminalität ist von 2008 bis 2015 deutlich zurückgegangen.

☐ Die Zahl der Tatverdächtigen unter 14 Jahren ist gesunken.

☐ Nur die Zahl der Tatverdächtigen zwischen 14 und 18 Jahren ist gesunken.

3 Notiere die beiden richtigen Aussagen über den Inhalt der Grafik.

_____

_____

4 Was bedeutet „eine rechtswidrige Tat"?
Schreibe dein Verständnis des Begriffs auf.

_____

_____

_____

Einen Sachtext verstehen

1 Lies den gekürzten Sachtext aus dem Jahr 2012.

Stefan Frerichs

Machen Fernsehen oder Computer gewalttätig? (2012)

In den Medien werden reale Gewalt und Gewalt in Filmen häufig dargestellt. Es gibt
Befürchtungen, dass diese Gewalt in Medien einen schlechten Einfluss auf die Zuschauer
haben könnte.

Die Forschung beschäftigt sich schon länger mit der Wirkung von Nachrichtensendungen oder
5 Fernsehfilmen mit Gewalt bis hin zu Computerspielen. Es gibt zwei Hauptrichtungen der
Forschung, die sich zum Teil widersprechen. Laut der einen Forschungsrichtung führt Gewalt,
die man in den Medien konsumiert, zu weniger Gewalt. Die andere Richtung geht davon aus,
dass man durch diesen Konsum mehr Gewalt bei den Mediennutzern erwarten muss.
Viele Untersuchungen brachten etwas Klarheit in die Sachlage. So wurde die Ansicht verworfen,
10 dass Mediengewalt zu weniger Aggressivität bei den Nutzern führt. Einig ist man sich darüber,
dass Mediengewalt die Nutzer gefühlsmäßig erregen kann. Obwohl sich Zuschauer und
Computerspieler an Gewalt in den Medien gewöhnen, ist nicht auf eine Abstumpfung gegenüber
realer Gewalt zu schließen. Allerdings wird aggressives Verhalten im Fernsehen oder bei
den Gewaltspielen leichter übernommen, wenn die Nutzer sowieso zur Anwendung von Gewalt
15 neigen. Die Zusammenhänge zwischen dem Konsum von Mediengewalt und der persönlichen
Veranlagung sind jedoch noch ungeklärt. So könnte es auch sein, dass Menschen mit aggressivem
Verhalten auch häufiger aggressive Filme oder Computerspiele konsumieren. Das würde dann
wiederum die Aggressivität der Nutzer steigern. Die wissenschaftlichen Untersuchungen zeigen
aber auch, dass diese gesteigerte Aggressivität keinen dauerhaften Einfluss auf die Nutzer hat.
20 Ein hoher Konsum von gewalttätigen Fernsehsendungen und Computerspielen kann bei Kindern
auch ein Anzeichen für Vereinsamung und Vernachlässigung sein. In diesem Fall wäre der
Gewaltkonsum ein Zeichen für ein tiefer liegendes Problem. Das soziale Umfeld, also die Familie
und der Freundeskreis, hat einen größeren Einfluss auf Menschen als der Medienkonsum.
Trotz der größeren Verbreitung von Filmen und Computerspielen in den letzten Jahrzehnten ist
25 festzustellen, dass die Gewalt bei Jugendlichen in dieser Zeit gesunken ist.

2 Notiere die beiden unterschiedlichen Hauptrichtungen der Forschung zu Mediengewalt.
Schreibe in dein Heft.

3 Worauf kann ein hoher Konsum von Mediengewalt bei Kindern hinweisen?
Markiere die Stelle im Text.

Schriftlich argumentieren mit richtiger Kommasetzung

In Deutschland sind in den vergangenen Jahren einige Male grausame Gewalttaten geschehen.
Wenn es um Jugendliche ging, kamen dabei häufig die Killerspiele in die Diskussion.
Eine Tageszeitung fordert dazu auf, eine Stellungnahme zu dem Thema
„Sollen Killerspiele verboten werden?" zu schreiben.

1 **Lies die Stellungnahme. Es fehlen darin die Kommas.**

Ist es richtig wenn Killerspiele verboten werden? Diese Frage ist nicht leicht

zu beantworten weil die Ergebnisse der Forschung dazu nicht eindeutig sind.

Sicher scheint zu sein dass die Mediengewalt Nutzer gefühlsmäßig erregen kann.

Wenn der Nutzer ohnehin zur Anwendung von Gewalt neigt wird aggressives Verhalten

bei Killerspielen leichter übernommen. Das soziale Umfeld also Familie und Freundeskreis

hat einen größeren Einfluss auf Menschen als der Medienkonsum. Und trotz der größeren

Verbreitung von Killerspielen ist festzustellen dass die Gewalt von Jugendlichen in

den letzten Jahren gesunken ist. Es wäre zwar eine einfache Lösung aber Killerspiele sollten

nicht verboten werden. Allerdings müssten die Inhalte stärker als bisher kontrolliert werden.

2 **a** **Ergänze die fehlenden Kommas.**
Tipp: Lies dazu noch einmal die Kästen im Schülerbuch auf S. 254 und 255.

b **Schreibe die Stellungnahme mit richtiger Kommasetzung auf.**

Warnschuss – Pro- und Kontra-Positionen kennen lernen

In einer Zeitung werden unterschiedliche Meinungen zum Thema „Warnschussarrest" vorgestellt.

1 Lies den gekürzten Zeitungsartikel.

Ist der Warnschuss ein vernünftiges Mittel?

Seit 2013 gibt es in Deutschland die Möglichkeit, jugendliche Straftäter auch bei
Bewährungsstrafen für vier Wochen ins Gefängnis zu schicken. Dieser „Warnschussarrest"
soll verhindern, dass die Personen weitere Straftaten begehen. Das gilt weniger für diejenigen,
die einmal beim Stehlen erwischt worden sind, sondern eher für Täter, die öfter Straftaten
5 begangen haben.

Pro: Udo Nagel, Politiker aus Hamburg
90–95 Prozent der Jugendlichen werden nicht straffällig. Aber bestimmte Jugendliche,
die häufiger kriminelle Handlungen begehen, brauchen eine Warnung. Da sich manche dieser
Intensivtäter durch Bewährungsstrafen nicht ändern, muss es andere Mittel geben. Dies dient
10 nicht nur dem Schutz der Allgemeinheit, sondern ist auch zum Vorteil der Jugendlichen.
Der vierwöchige Arrest soll genutzt werden, um eine Verhaltensänderung herbeizuführen.
Wenn die Eltern nicht in der Lage sind, rechtzeitig klare Grenzen zu setzen, muss der Staat
diese Aufgabe übernehmen. Es darf nicht als normal angesehen werden, dass Jugendliche
andere Menschen zusammenschlagen und darauf so gut wie keine Konsequenzen folgen.

15 **Kontra:** Klaas Müllerhoff, Jugendrichter
Das Jugendstrafrecht soll erneute Straftaten eines Jugendlichen im Interesse weiterer
möglicher Opfer verhindern. Nun glauben viele, dass mehr Härte im Jugendstrafrecht zu
einer größeren Abschreckung führt und weitere Straftaten dieser Personen weniger würden.
Die statistisch gesicherten Erkenntnisse widersprechen der Kraft von harten Strafen.
20 Gerade Jugendliche, die ohne Bewährung ins Gefängnis mussten, haben eine besonders hohe
Rückfallquote. 77,8 Prozent der eingesperrten Täter werden später rückfällig. Die Jugendlichen,
die eine Bewährungsstrafe erhielten, werden nur zu 59,6 Prozent rückfällig. Es ist aus diesen
Zahlen nicht verständlich, warum man jugendliche Straftäter zur Abschreckung einsperren will.
Außerdem ist die Vorstellung unsinnig, durch Warnschussarrest ein schnelles Zeichen setzen
25 zu können. Denn bis zum Urteil für eine Tat und der späteren Ladung zum Gefängnisantritt
vergeht viel Zeit.

2 Pro oder Kontra: Was ist deine Meinung zum Warnschussarrest?

Ich finde den Warnschussarrest _____ ,

da / denn / weil _____

_____

_____

_____

_____

Einen Leserbrief schreiben

1 Lies die Sätze für eine Stellungnahme zum Thema „Warnschussarrest".

☐ Ich finde den Warnschussarrest für Jugendliche richtig.

☐ Ich finde den Warnschussarrest für Jugendliche falsch.

☐ Manche Jugendliche, die mehrere Straftaten begangen haben, lassen sich durch eine Bewährungsstrafe nicht genügend abschrecken.

☐ Viele glauben, dass harte Jugendstrafen von neuen Taten abschrecken. Dies wird in Untersuchungen nicht bestätigt.

☐ Es hat sich gezeigt, dass gerade Jugendliche mit einer Gefängnisstrafe eine besonders hohe Rückfallquote haben.

☐ Wenn Eltern keine klaren Grenzen setzen können, muss der Staat ein starkes Mittel haben, und das ist der Warnschuss.

☐ Außerdem bewirkt die Gefängnisstrafe auch deshalb wenig, weil zu viel Zeit zwischen Tat und Urteil vergeht.

☐ Der Warnschussarrest ist zum Vorteil der Jugendlichen und zum Schutz der Allgemeinheit.

☐ Deshalb ist es nicht sinnvoll, jugendliche Straftäter einzusperren.

2 **a** Kreuze die Sätze an, die zu deiner Meinung passen.

  b Schreibe deine Sätze für den Leserbrief auf.

_____

_____

_____

_____

_____

_____

_____

_____

_____

3 Die Welt der Zukunft

Ein Referat vorbereiten

1 Überlege: In welchen Lebensbereichen könnten Roboter in Zukunft eine große Rolle spielen? Schreibe deine Ideen auf.

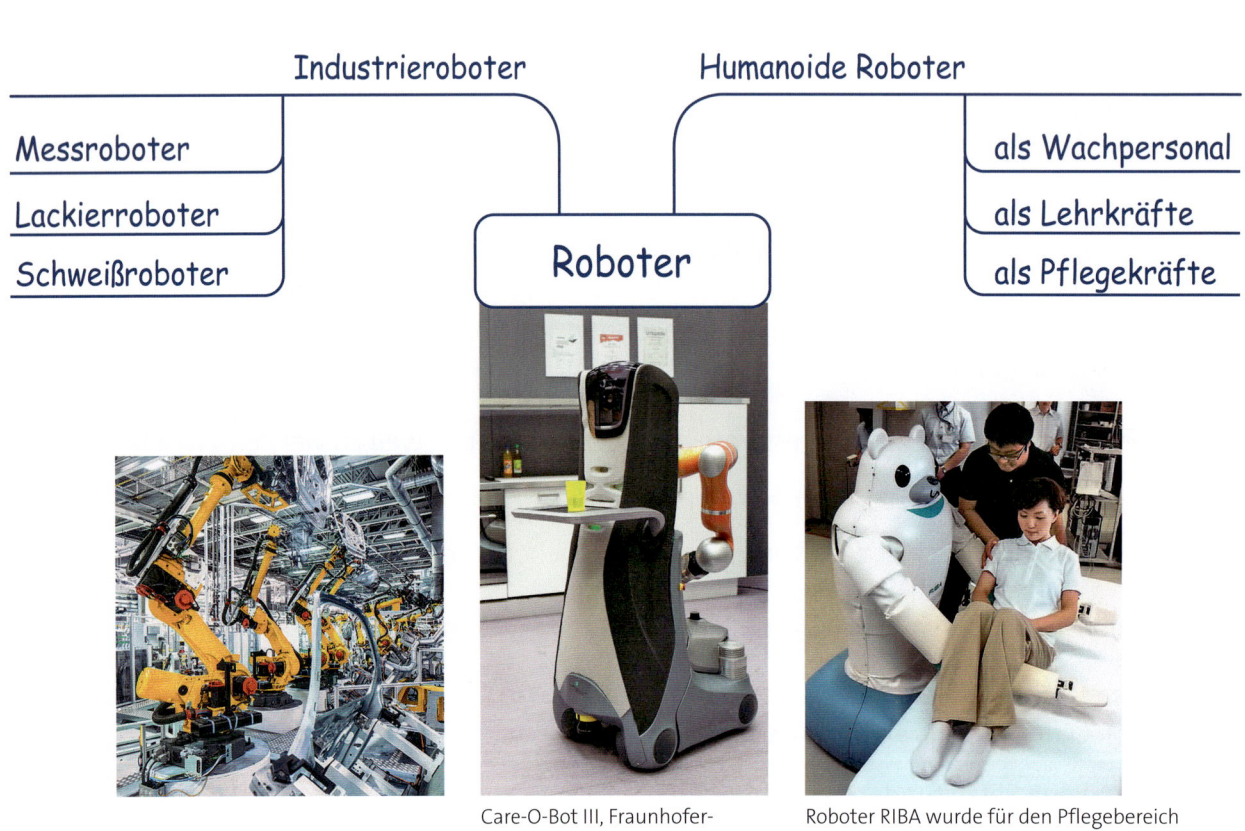

Care-O-Bot III, Fraunhofer-
Institut Stuttgart, 2010

Roboter RIBA wurde für den Pflegebereich
entwickelt, Japan 2009

2 Lege mit Hilfe der Mind-Map eine Gliederung für ein Referat an.

Welches Oberthema, welche Unterthemen und Beispiele findest du? Schreibe sie auf.

Oberthema: _____

  1. Unterthema: _____

    Beispiele: _____

    _____

  2. Unterthema: _____

    Beispiele: _____

    _____

Sich in einem Online-Lexikon zurechtfinden

Wenn man in eine Suchmaschine das Stichwort „Humanoider Roboter" eingibt,
kann man die folgende Seite aus dem Online-Lexikon Wikipedia öffnen.

1 Sieh dir die Wikipedia-Seite genau an.

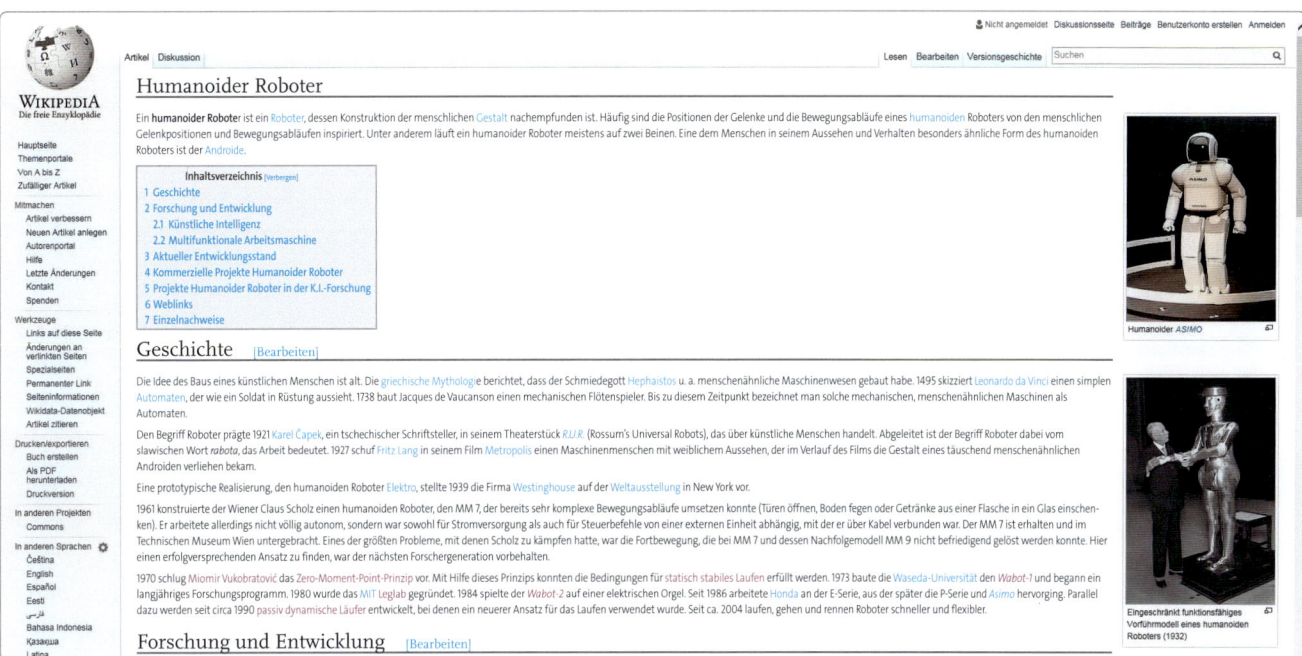

2 Beschreibe, wie die Seite aufgebaut ist. Zu welchen Bereichen findest du Informationen?
Verwende die Wörter und Wortgruppen aus den beiden Kästen.

oben • unten •   rechts • links •   in der Mitte • darunter •   in einem grauen Kasten

Erklärung, was ein „humanoider Roboter" ist • Bilder •   Inhaltsverzeichnis der Wikipedia-Seite • Informationen   zur Geschichte des „humanoiden Roboters" •   Informationen zur Forschung und Entwicklung

Oben auf der Wikipedia-Seite steht, worüber die Seite informiert: über das Stichwort

„Humanoider Roboter". In dem Text darunter findet man die Erklärung, was _____

_____

_____

_____

3 **a** Wähle für dein Referat das Thema „Industrieroboter" oder „Humanoide Roboter" aus.

　　b Führe eine Wikipedia-Recherche zu deinem Referatsthema durch.

　　c Schreibe die Ergebnisse in dein Heft.

Mit einer Suchmaschine im Internet suchen

Bei einer Suche im Internet erscheinen zum Thema „Roboter" verschiedene Treffer.

1   Sieh dir die Trefferseite genau an.

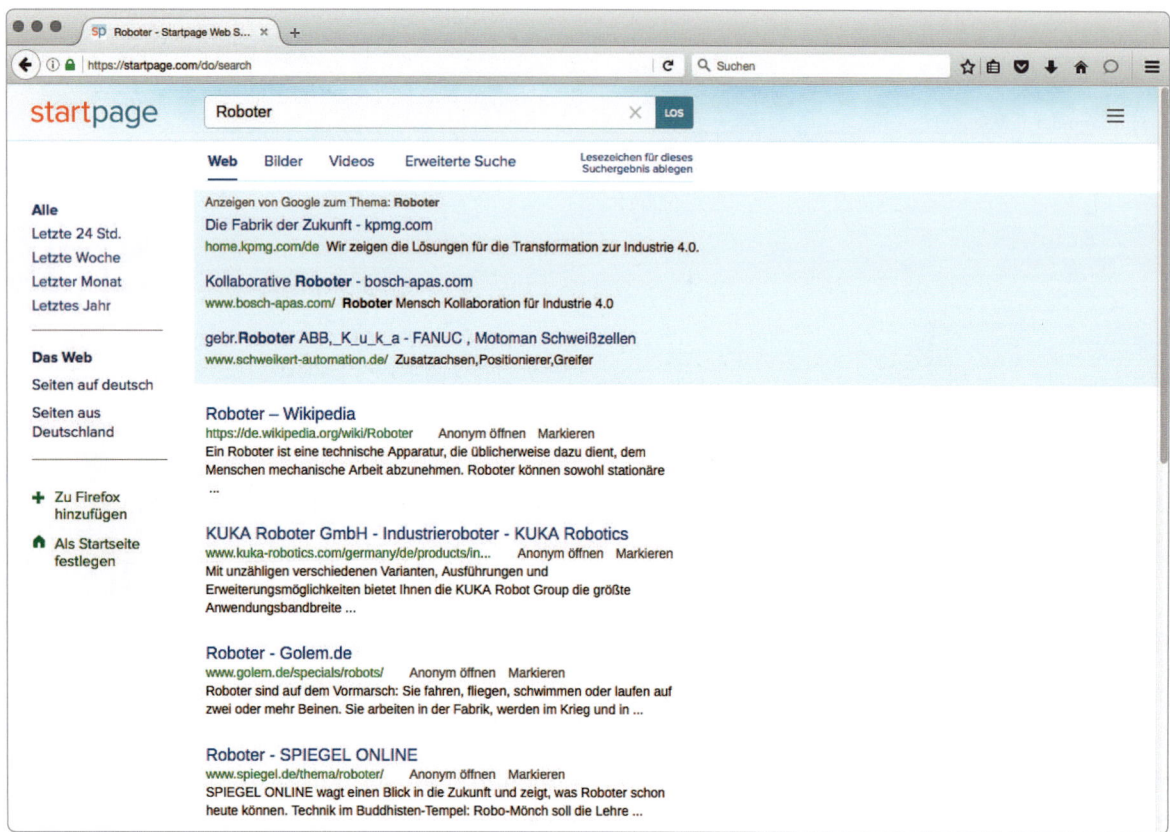

2   **a**   Sieh dir die ersten drei Treffer an. Sie sind blau unterlegt.

     b   Warum unterscheiden sie sich von den anderen Treffern?
Ergänze den Satz.
Tipp: Die Zeile über den drei Treffern lautet: „Anzeigen von Google zum Thema: Roboter".

Bei den ersten drei Treffern handelt es sich um _____

_____

3   **a**   Sieh dir die nächsten vier Treffer an.

     b   Welche Treffer liefern vermutlich geeignete Informationen für ein Referat
zum Thema „Roboter"?
Markiere sie.

4   Führe zu deinem Referatsthema eine Internetrecherche durch.

     a   Finde mehrere passende Seiten.

     b   Schreibe wichtige Informationen in dein Heft.

Einen Internetartikel auswerten

1 Lies den folgenden Artikel.

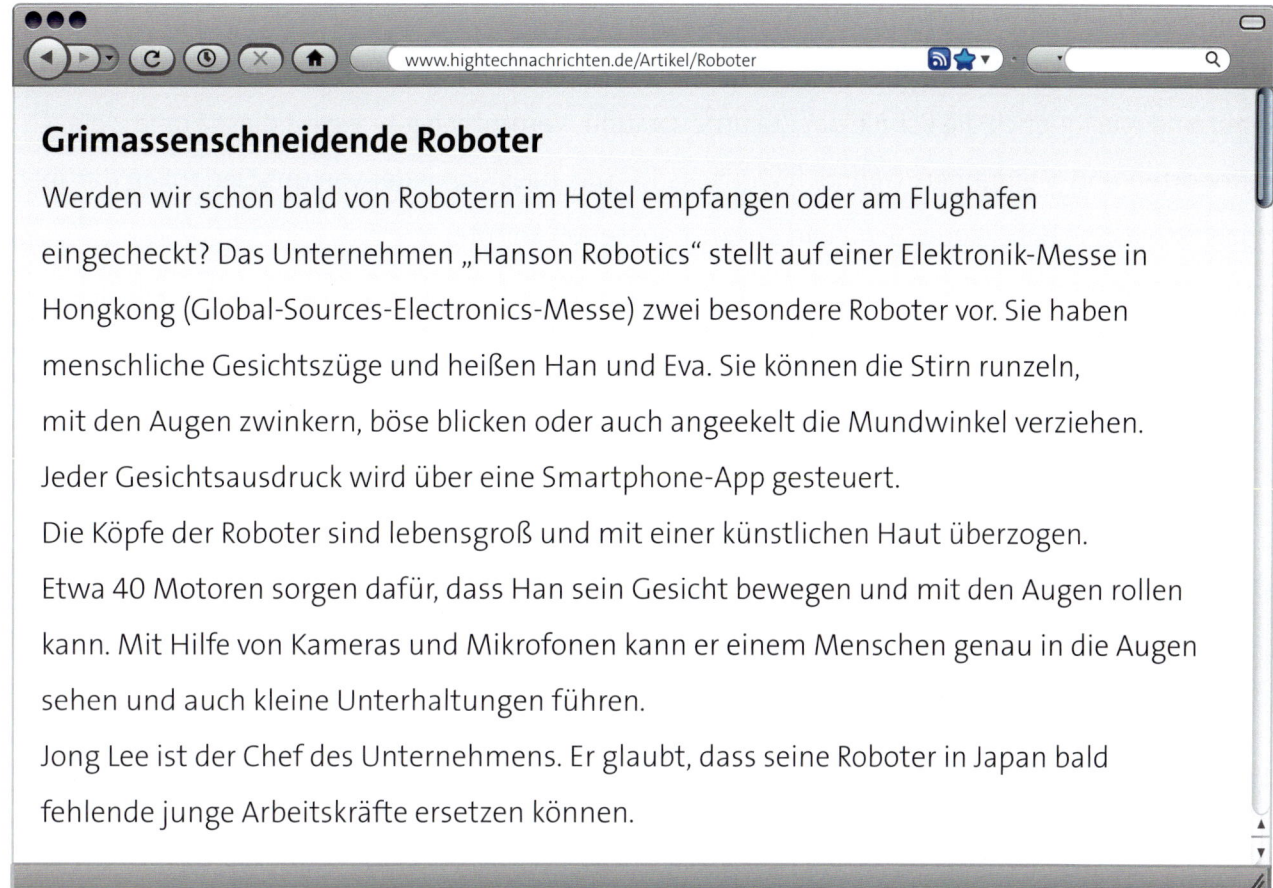

www.hightechnachrichten.de/Artikel/Roboter

Grimassenschneidende Roboter

Werden wir schon bald von Robotern im Hotel empfangen oder am Flughafen
eingecheckt? Das Unternehmen „Hanson Robotics" stellt auf einer Elektronik-Messe in
Hongkong (Global-Sources-Electronics-Messe) zwei besondere Roboter vor. Sie haben
menschliche Gesichtszüge und heißen Han und Eva. Sie können die Stirn runzeln,
5 mit den Augen zwinkern, böse blicken oder auch angeekelt die Mundwinkel verziehen.
Jeder Gesichtsausdruck wird über eine Smartphone-App gesteuert.
Die Köpfe der Roboter sind lebensgroß und mit einer künstlichen Haut überzogen.
Etwa 40 Motoren sorgen dafür, dass Han sein Gesicht bewegen und mit den Augen rollen
kann. Mit Hilfe von Kameras und Mikrofonen kann er einem Menschen genau in die Augen
10 sehen und auch kleine Unterhaltungen führen.
Jong Lee ist der Chef des Unternehmens. Er glaubt, dass seine Roboter in Japan bald
fehlende junge Arbeitskräfte ersetzen können.

2 Welche Art von Information bietet der Artikel? Kreuze an.

☐ Nachricht   ☐ Meinungsäußerung

3 In dem Artikel werden Namen und Orte angegeben. Markiere sie.

4 Welche Fähigkeiten haben die beiden Roboter? Ergänze die Sätze.

Han und Eva können die Stirn _____

_____

Mit Hilfe von Kameras und Mikrofonen kann Han _____

_____

5 Überlege: Warum werden humanoide Roboter entwickelt? Schreibe in dein Heft.

6 Du möchtest ein Referat zum Thema „Humanoide Roboter" halten.
Ist der Artikel dafür hilfreich? Begründe deine Antwort.

Einen auffordernden Text untersuchen (1)

1 Lies die folgende Rede eines Schülers.

Liebe Mitschülerinnen und Mitschüler,

ich möchte euch gern die Frage stellen, ob ihr mit unserer Schule zufrieden seid, ob ihr Wünsche habt und wie ihr euch die Schule der Zukunft vorstellt. Vermutlich gibt es auf diese Frage viele Antworten und Meinungen. Dennoch wünsche ich mir, dass sich jeder von uns Gedanken darüber
5 macht, wie eine richtig gute Schule in Zukunft aussehen könnte.

Nur zwei Gruppen von Menschen kennen die Schule wirklich, erleben sie von innen, denn sie arbeiten tagtäglich gemeinsam hier. Ihr wisst, von wem ich spreche, oder? Logo! Ich spreche natürlich von uns Schülerinnen und Schülern und von den Lehrkräften. Wir sind die wahren Experten! Wir kennen den Laden! Wir wissen, was es heißt, tagaus, tagein zu pauken. Wir wissen
10 aber auch, was zu tun ist, damit man gut lernt und sich dabei wohl fühlt. Und deshalb wissen wir am besten, wie eine gute, zukunftsfähige Schule aussieht, oder?

Einige von uns arbeiten bereits in der AG Zukunft mit. Nur wenn viele von euch Ideen einbringen, werden wir etwas verändern können. Ein paar von uns saßen bereits mit einem Lehrer zusammen und haben überlegt, wie man moderne Medien wie Smartphone und Tablet im Unterricht nutzen
15 kann. Der Förderverein hat gesagt, dass er solche Projekte unterstützen würde.

Vielleicht fragt ihr euch jetzt: Was will der eigentlich von uns? Ich wünsche mir, dass sich jede und jeder von uns Gedanken macht und wir uns alle überlegen, wie unsere Schule der Zukunft aussehen soll. Bitte nehmt euch kurz die Zeit dafür! Bitte schreibt eure Ideen auf ein Blatt. Bitte steckt dieses in den SV-Briefkasten! Wir freuen uns über jeden nützlichen Beitrag. Wir brauchen
20 jede frische Idee. Also, lasst uns jeden Tag einen übervollen Briefkasten leeren! Denkt daran:
Es geht um uns! Es geht um unsere Zukunft in dieser Schule! Danke für eure Aufmerksamkeit!

2 Um welches Thema geht es in der Rede? Kreuze an.

   ☐ In der Rede geht es um die Zukunft einer Schule.

   ☐ In der Rede geht es um moderne Medien im Unterricht.

3 Wozu fordert der Redner die Zuhörenden auf? Was sollen sie tun?

Der Redner möchte, dass _____

_____

4 Wie beginnt der Redner seine Rede nach der Begrüßung?

_____

Einen auffordernden Text untersuchen (2)

Eine Rede soll eine bestimmte Wirkung erzielen. Deshalb verwendet der Redner oder
die Rednerin eine besondere Sprache.

1 Lies den Informationskasten unten. Bearbeite dann die folgenden Aufgaben.

2 In der Rede auf S. 34 spricht der Schüler die Zuhörenden persönlich an.

a Markiere in der Rede die Wörter **du**, **ihr** und **euch**.

b Wie oft verwendet der Schüler diese Wörter insgesamt?
Zähle sie und schreibe auf die Linie. _____

3 Der Schüler stellt in seiner Rede ein Gemeinschaftsgefühl her.

a Kreise in der Rede die Wörter **wir**, **uns** und **unsere/unserer** ein.

b Wie oft verwendet der Schüler diese Wörter insgesamt?
Zähle sie und schreibe auf die Linie. _____

4 Aufforderungssätze sollen die Zuhörenden dazu bringen, aktiv zu werden.
Schreibe die Aufforderungssätze im letzten Absatz der Rede auf.

_____

_____

_____

_____

> Ein Aufforderungssatz kann mit einem Ausrufezeichen (!) enden. Er enthält meist einen Imperativ (die Befehlsform eines Verbs), z. B.: *nimm/nehmt*.

5 Der Schüler wiederholt in seiner Rede Wörter und Satzanfänge, um die Wirkung zu verstärken.

a Sieh dir noch einmal die Aufforderungssätze aus Aufgabe 4 an.

b Kreise in diesen Sätzen die Wiederholungen ein.

Information	Redestrategien und stilistische Mittel

Um Zuhörer/-innen zu **beeinflussen,** kann man folgende **stilistische Mittel** verwenden:
- **persönliche Anrede** der Zuhörer/-innen (z. B. in der 2. Person Plural *ihr*)
- Wecken eines Gemeinschaftsgefühls durch die **Verwendung von *wir*** („Wir-Gefühl")
- **Imperative,** um zu einer Handlung aufzurufen
- **rhetorische Fragen** (Scheinfragen), die die Zuhörenden scheinbar einbeziehen
- **Schlagwörter** mit positiven oder negativen Konnotationen (Nebenbedeutungen)
- **anschauliche Formulierungen,** z. B. durch Vergleiche oder Metaphern
- auffällige **Wiederholungen** (Wörter, Satzanfänge)
- kurze, **parallel aufgebaute Sätze**

Eine Rede verfassen (1)

Du möchtest eine Rede zum Thema „Handyfreier Montag" schreiben.
Auf den folgenden Seiten kannst du die Rede Schritt für Schritt erarbeiten.

> Thema der Rede: Handyfreier Montag
> Die Rede richtet sich an: alle Schüler
> und Schülerinnen
> Aufforderung (Appell): Handys am Montag
> zu Hause lassen!

Eine Rede besteht aus Einleitung, Hauptteil und Schluss.
In der Einleitung sprichst du die Zuhörenden an und weckst ihr Interesse.

1   **Schreibe die Einleitung. Ergänze dazu die folgenden Sätze.**

Liebe Mitschülerinnen und Mitschüler,

> **1. Einleitung:**
> → Anrede des Publikums
> → Einführung in das Thema

was haltet ihr von der Idee, dass wir alle _____

_____

_____

_____ ?

Könnt ihr euch vorstellen, dass ihr einmal in der Woche _____

_____ ?

Leider gibt es im Moment an unserer Schule noch keinen _____

_____ .

Aber das muss ja nicht so bleiben! Wollt ihr nicht auch mal ausprobieren, wie _____

_____ ?

Eine Rede verfassen (2)

1 Verfasse nun den Hauptteil der Rede.
Ergänze dazu jeweils die Satzanfänge.

2. Hauptteil:
→ **A** Beschreibung der Hauptidee
→ **B** Argumente
→ **C** Aufforderungen (Appelle)

A Beschreibung der Hauptidee

Zunächst möchte ich sagen, dass ein handyfreier
Montag in der Schule für uns alle Vorteile hätte.
Besonders wichtig ist mir dabei eine Frage: Wie abhängig sind wir _____

_____ ?

B Argumente

Ich bin der Meinung, dass wir uns auf das Experiment „handyfreier Montag"
einlassen sollten. Ein wichtiges Argument dafür ist, dass wir unsere Handys

bisher sowieso nur in den Pausen _____ .

Da ist es doch nicht schlimm, für diese kurze Zeit _____

_____ , oder?

Findet ihr nicht auch, dass wir in den Pausen lieber mit unseren Freunden reden sollten,

statt ständig _____ ?

Manche von uns essen ja noch nicht mal in Ruhe. Das sieht man daran, dass sie in der einen Hand

den Snack halten und mit der anderen _____ .

Sicherlich könnte man einwenden, dass es toll ist, mal eben einen coolen Song zu hören oder

_____ .

Aber ist das alles wirklich _____ ?

Man sollte bedenken, dass die allermeisten Nachrichten auf dem Handy nicht dringend
oder wichtig sind. Man muss nicht sofort darauf reagieren. Man kann sie

auch später _____ .

C Aufforderungen (Appelle)

Überlegt bitte mal, wie oft ihr in den Pausen auf euer _____ !

Wie oft ihr vielleicht sogar heimlich im Unterricht _____ !

Es gibt doch wirklich Sinnvolleres, nämlich _____ !

Es geht nur um einen Tag in der Woche. Gemeinsam können wir es schaffen! Doch dazu müssen

wir alle _____ !

Eine Rede verfassen (3)

1 Schreibe jetzt den Schluss der Rede. Darin fasst du die wichtigsten Gedanken und Aufforderungen zusammen. Ergänze dazu die Sätze.

> **3. Schluss:**
> → **A** Zusammenfassung des Anliegens
> → **B** Wiederholung der Aufforderung (des Appells)
> → **C** Dank

A Zusammenfassung des Anliegens

Mit meinen Argumenten wollte ich zeigen, dass es sinnvoll ist, für einen Tag

_____ .

Denn es gibt Wichtigeres, als _____ .

Ich würde mir wünschen, dass ihr _____

_____ .

Wenn ich euch überzeugen konnte, dann sollten wir gemeinsam _____

_____ .

B Wiederholung der Aufforderung (des Appells)

Deshalb fordere ich euch noch einmal auf:

Lasst uns an unserer Schule _____

_____

_____ !

Helft alle mit, damit auch die Schülerinnen und Schüler

mitmachen, die glauben, dass sie ohne Handy

_____ !

Also, gebt euch einen Ruck und probiert _____ !

Ihr werdet sehen: Es ist gar nicht _____ .

Packen wir es an! Und packen wir montags unsere _____

_____ !

C Dank

Danke für _____ !

Danke, dass ihr mir _____ .

Berufe der Zukunft erkunden

Technologien, die Bevölkerung und das Klima verändern sich.
Dadurch werden in Zukunft neue Berufe entstehen.

1 Lies die folgenden Berufsbeschreibungen.

A Nostalgologen*

... werden die Aufgabe haben, für ältere Kunden ein besonderes Zuhause zu entwerfen. Sie statten das Zuhause mit Möbeln aus dem Lieblingsjahrzehnt der Kunden aus. So können Nostalgologen glückliche Kindheitserinnerungen wiederbeleben, weil sie das Badezimmer wie in den 1960er Jahren einrichten. Oder eine Wohnküche sieht dann wie in den 1970er Jahren aus.

* die Nostalgie:
eine Stimmung, in der man sich nach vergangenen Zeiten und den Produkten und Lebensweisen aus diesen Zeiten sehnt

B Nanotechnologen*

... entwickeln Werkstoffe aus allerkleinsten Strukturen. Diese sind nur wenige Millionstel Millimeter groß. Besonders im Kommunikationsbereich oder in der Medizin sind so Problemlösungen möglich, die vor Jahren noch undenkbar waren.

* die Nanotechnologie:
Methoden und Verfahren, um extrem kleine Teilchen zu gewinnen und zu bearbeiten, z. B. für die Beschichtung von Oberflächen

C Roboterberater

... beraten Kunden beim Roboterkauf. Roboter werden in unserem Leben eine immer größere Rolle spielen. Sie werden uns beim Putzen, Kochen oder Versorgen von Haustieren unterstützen. Weniger Arbeit im Haushalt ist hauptsächlich für Berufstätige oder für ältere Menschen nützlich.

D Urbane* Bauern

... werden Nahrungsmittel nicht mehr auf Feldern auf dem Land anbauen. Stattdessen werden die Nahrungsmittel direkt in der Stadt angebaut. Die Landwirtschaftsbetriebe sind dann riesige Hochhäuser. So können die Bauern die Einwohner einer Großstadt direkt vor Ort mit Lebensmitteln versorgen.

* urban:
städtisch, kennzeichnend für die Stadt

2 Welche Stärken und Interessen passen zu den vier Zukunftsberufen?
Schreibe die Buchstaben der Berufe in die Kästchen.

☐ kommunikativ, technisch begabt, gute Noten in Deutsch und Mathematik, Freude am Umgang mit Menschen, Interesse an Erfindungen

☐ sportlich, tierlieb, gute Noten in Biologie, Durchhaltevermögen, Spaß an körperlicher Arbeit

☐ technisch begabt, Durchhaltevermögen, gute Noten in Mathematik, Physik und Chemie, Informatik-AG, Interesse an neuen Technologien

☐ kommunikativ, gutes räumliches Vorstellungsvermögen, Freude am Umgang mit Menschen

3 Welcher der vier Zukunftsberufe gefällt dir am besten? Begründe deine Wahl.
Schreibe in dein Heft.

Ein Bewerbungsschreiben verfassen

1 Lies das Bewerbungsschreiben von Janina.

Janina Kunz
Schillerstraße 17
74555 Abendorf
Tel.: (01 00) 2 34 56
E-Mail: JK0102@e-mail.de

Abendorf, 15.03.20..

Technik für alle GmbH
Herr Roman Siebert
Nelkenstraße 105
76541 Murstadt

Bewerbung um einen Ausbildungsplatz zur Roboterberaterin

Sehr geehrter _____ ,

Ihr Ausbildungsangebot in der Murstadter Zeitung hat mich sehr angesprochen.
Zurzeit besuche ich die 10. Klasse der Theo-Koch-Gesamtschule in Abendorf, die ich

im Sommer 20.. mit dem _____ verlassen werde.
Mein Interesse für Technik und neue Entwicklungen ist groß, und ich gebe mein Wissen
gern weiter. Aus diesem Grund bin ich auch Mitglied der Gruppe „Technik-Engel", die z. B.
Senioren beim Umgang mit dem Smartphone hilft. In der Schule sind zudem Deutsch und

_____ meine Lieblingsfächer.
Im September 20.. erhielt ich durch ein zweiwöchiges Praktikum in einem Fachgeschäft
für Elektronik erste Einblicke in das Tätigkeitsfeld einer Verkaufsberaterin. Besonders gut
hat mir der Umgang mit der Kundschaft gefallen.

Über eine Einladung zu einem Vorstellungsgespräch würde ich mich sehr freuen.

Mit _____

Janina Kunz

Anlagen: Lebenslauf, Halbjahreszeugnis der 9. Klasse

2 Schreibe die folgenden Angaben an die richtigen Stellen im Bewerbungsschreiben.

Mathematik · freundlichen Grüßen · mittleren Schulabschluss · Herr Siebert

3 Verfasse nun selbst ein Bewerbungsschreiben in deinem Heft.
Ersetze dazu **alle** persönlichen Angaben von Janina durch **deine eigenen** Angaben.
Achte darauf, dass du dein Schreiben so anordnest wie Janina.
Tipp: Du kannst für dein Bewerbungsschreiben auch einen anderen Zukunftsberuf wählen.
Passe dann die Formulierungen von Janina an.

Ein Bewerbungsgespräch vorbereiten

1 Wie kann man den Erfolg bei einem Bewerbungsgespräch erhöhen?

a Lies die Begriffe.

> Pünktlichkeit · Frisur · Kleidung · Unterlagen · Höflichkeit

b Schreibe zu jedem Begriff einen Tipp für ein Bewerbungsgespräch auf.

Bei einem Bewerbungsgespräch ist Pünktlichkeit wichtig.

Man sollte

2 In einem Bewerbungsgespräch werden oft die folgenden Fragen gestellt.
Beantworte sie.

Können Sie mir zwei Ihrer Stärken und zwei Ihrer Schwächen nennen?

Stärken:

Schwächen:

Welche Hobbys haben Sie?

Was können Sie mir über Ihre Freunde sagen? Wie viele gute Freunde haben Sie?
Was unternehmen Sie mit Ihren Freunden?

4 „Freiheit, die ich meine"

Verschiedene Bedeutungen von Freiheit kennen (1)

1 Lies, welche verschiedenen Bedeutungen der Begriff „Freiheit" haben kann.

Selbstbestimmung: Ich bestimme selbst, was ich mache und wie ich leben möchte.

Toleranz: Ich lasse andere so sein, wie sie sein wollen. Ich toleriere sie, auch wenn ich viele Dinge anders sehe oder anders machen würde als diese Menschen.

Wissen: Wenn ich viel weiß, kenne ich mich in vielen Dingen gut aus.
Ich kann dann besser Entscheidungen treffen und brauche nicht so viel Hilfe von anderen.

2 a Welche Bedeutung von „Freiheit" passt am besten zu dir?
Schreibe sie auf.

_____

b Welche Bedeutung von „Freiheit" ist für dich am unwichtigsten?
Schreibe sie auf.

_____

3 Welche Bedeutung von „Freiheit" passt zu den folgenden Aussagen?
Kreuze sie jeweils an.
Tipp: Wenn du unsicher bist, lies noch einmal die Erklärungen in Aufgabe 1.

A Das Kleid finde ich nicht schön. Aber wenn es ihr gefällt, soll sie es anziehen.

  ☐ Selbstbestimmung

  ☐ Toleranz

  ☐ Wissen

B Ich kann Fahrpläne lesen. Ich weiß, mit welchem Bus ich in die Stadt zum Kino komme.
Ich muss niemanden bitten, mich hinzubringen.

  ☐ Selbstbestimmung

  ☐ Toleranz

  ☐ Wissen

C Ich höre die Musik, die mir gefällt. Ich esse nur, was mir schmeckt.

  ☐ Selbstbestimmung

  ☐ Toleranz

  ☐ Wissen

Verschiedene Bedeutungen von Freiheit kennen (2)

1 **a** Lies den Songtext „Frei sein" im Deutschbuch S. 72.

b Suche ein anderes Lied, das von Freiheit handelt.
Recherchiere im Internet.
Schreibe den Titel auf.

Xavier Naidoo, 2013

Du kennst jetzt drei Bedeutungen von Freiheit:
Selbstbestimmung, Toleranz und Wissen.
Freiheit kann aber noch weitere Bedeutungen haben.

2 Lies die Bedeutungen.

Bewegungsfreiheit: Ich kann mich ungehindert bewegen, ich bin nicht eingesperrt.

Entscheidungsfreiheit: Ich kann ohne Zwang zwischen mehreren Möglichkeiten wählen,

z. B. zwischen Berufen, Hobbys, Zeitschriften.

Rechte: Ich darf etwas tun, ich habe die Berechtigung zu etwas. Mit 18 habe ich das Recht,

ein Auto allein zu lenken, wenn ich die Fahrprüfung bestanden habe.

3 Ergänze die Sätze mit eigenen Beispielen.

Entscheidungsfreiheit heißt für mich, _____

_____

Ich habe das Recht, _____

_____

4 Welche Bedeutungen kann der Begriff „Freiheit" haben?
Schreibe die Bedeutungen in den Cluster.
Tipp: Du findest die Bedeutungen auf dieser Seite.

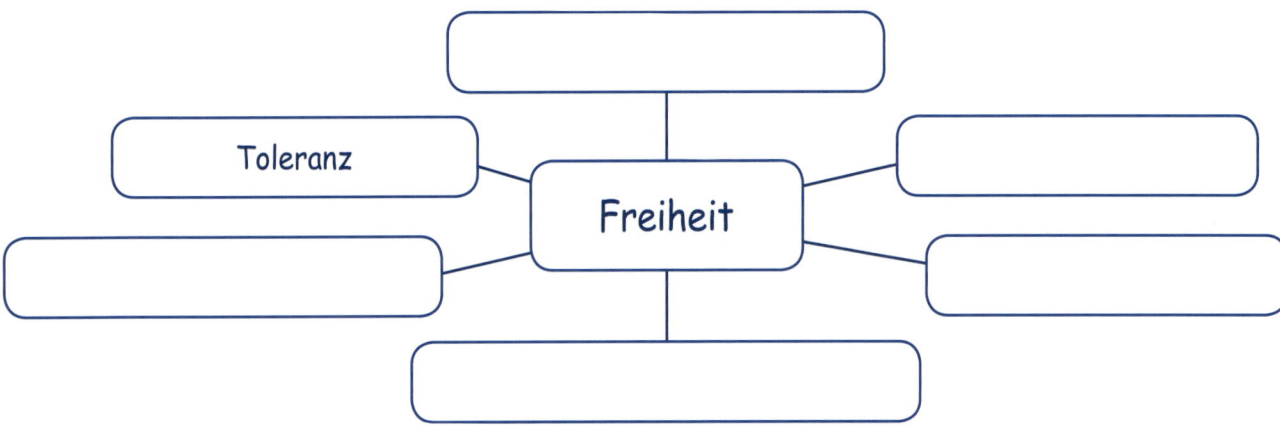

Wörter und ihre Geschichte betrachten

1 Lies den Auszug aus einem Lexikonartikel.

> **vogelfrei:** „frei von Herrschaftsdiensten, frei wie ein Vogel in der Luft" (Ende 15. Jh.),
> „rechtlos, ohne gesetzlichen Schutz, geächtet" (16. Jh.)

2 In welchem Jahrhundert bedeutete das Wort „vogelfrei" etwas Gutes?
Schreibe es auf.

_____

3 Schreibe die Zitate A und B in dein Heft.
Ersetze dabei jeweils das Wort „vogelfrei" durch ein passendes Wort aus dem Kasten.
Tipp: Du musst für jedes Zitat ein anderes Wort verwenden.

> ungeschützt · schutzlos · sorglos · entspannt

A Das Wort *vogelfrei* vor über 100 Jahren:

„Kehre zu den Deinen zurück. Jetzt stehst
du noch unter meinem Schutze,
dann aber bist du vogelfrei!"
Er verließ das Zelt und erhob den Arm.

Karl May: Durchs wilde Kurdistan (1881–1888)

B Das Wort *vogelfrei* heute:

Sommerlaune stellt sich ein, wenn man
die untergehende Sonne sieht. Riesige Bäume
spenden Schatten. Die überdachte Terrasse
bietet Schutz vor Wind. Und auf der grünen
Wiese kann man ganz vogelfrei den lauen
Sommerabend genießen.

Stadtmagazin 2015

4 Ist die Bedeutung von „vogelfrei" in den Zitaten gut oder schlecht?
Kreuze an.

Zitat A ☐ gut ☐ schlecht
Zitat B ☐ gut ☐ schlecht

5 Was bedeutet der Ausdruck „freimachen"? Erkläre ihn.
Tipp: Das Bild hilft dir.

_____

_____

Information	Der Bedeutungswandel von Wörtern

Im Laufe der Zeit kann sich die **Bedeutung eines Wortes** in einer Sprache **verändern.**
Man spricht dann von einem **Bedeutungswandel.**

Wörter mit ähnlicher Bedeutung und Gegenbegriffe

1 **a** Lies die Wörter im Kasten.

b Fünf Wörter haben dieselbe Bedeutung wie „Freiheit" oder eine ähnliche Bedeutung.
Unterstreiche sie.

> Selbstbestimmung · Zwang · Unabhängigkeit · Schulden · Glück
>
> Zwanglosigkeit · Eigenständigkeit · Befehl · Uneingeschränktheit

2 Schreibe Sätze mit drei der unterstrichenen Wörter in dein Heft.

3 **a** Lies die Sätze A bis E.

b Verbinde jeden Satz mit dem Begriff, der eine ähnliche Bedeutung hat wie „frei".

c Schreibe die Sätze mit dem neuen Begriff in dein Heft.

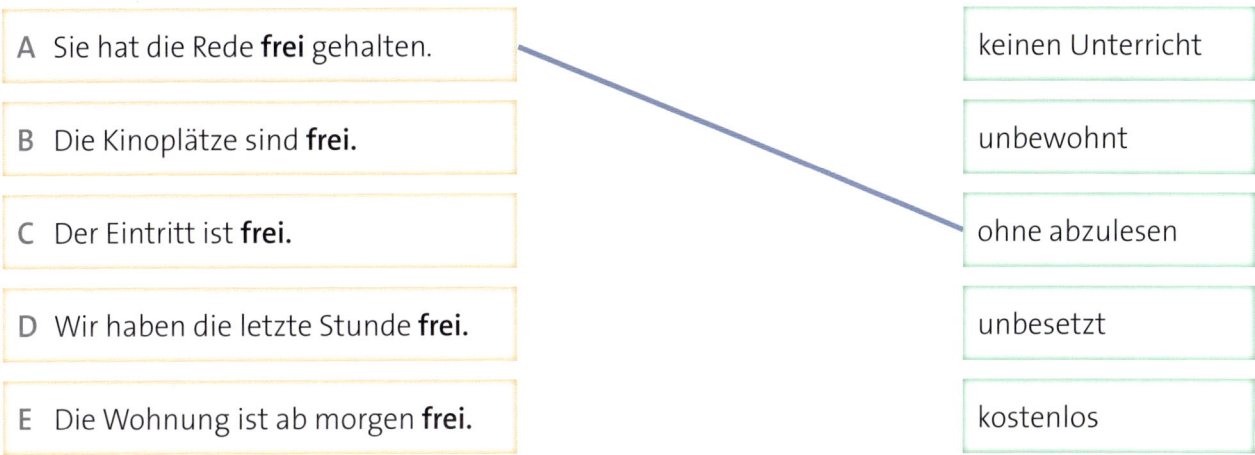

A Sie hat die Rede **frei** gehalten.		keinen Unterricht
B Die Kinoplätze sind **frei.**		unbewohnt
C Der Eintritt ist **frei.**		ohne abzulesen
D Wir haben die letzte Stunde **frei.**		unbesetzt
E Die Wohnung ist ab morgen **frei.**		kostenlos

4 **a** Lies noch einmal die Sätze B bis E von Aufgabe 3.

b Finde zu jeder Bedeutung von „frei" den passenden Gegensatz aus dem Kasten.

> bewohnt · besetzt · Unterricht · kostenpflichtig

c Schreibe die Sätze in dein Heft. Ersetze dabei jeweils das Wort „frei" durch
den passenden Gegensatz.

Information   **Synonyme und Antonyme unterscheiden**

- **Synonyme** sind Wörter, die **dieselbe oder eine ähnliche Bedeutung** haben.
  Zumeist weisen Synonyme zu einem Bezugswort einen kleinen Bedeutungsunterschied
  auf, sind also **meist ähnlich,** z. B.: *Freiheit ≈ Freiraum, Möglichkeit, Spielraum.*
- **Antonyme** (Gegenbegriffe) sind Wörter, die eine **gegensätzliche Bedeutung** zu einem
  anderen Begriff haben, z. B.: *Freiheit ↔ Zwang.*

Verben der Notwendigkeit und Möglichkeit verwenden (1)

Hast du etwas, was du sehr gern tust? Ein Hobby? Bei einem Hobby machst du etwas freiwillig. Und du findest meistens auch Zeit dafür. Stell dir vor: Plötzlich darfst du dein Hobby nur noch ausüben, wenn andere es dir erlauben. Wie wäre das für dich?

1 **a** Lies die erste Strophe des Gedichts von Johannes Conrad im Deutschbuch S. 76.

b Ergänze auf den Linien dein Hobby oder etwas, was du gern tust.

Wenn ich nur _____ **darf,** wenn ich soll,
(malen, Fußball spielen, lesen, …)

aber nie _____ **kann,** wenn ich will,

dann mag ich auch nicht _____ , wenn ich **muss.**

2 **a** Lies die zweite Strophe des Gedichts von Johannes Conrad im Deutschbuch S. 76.

b Ergänze nun auf den Linien eine Tätigkeit. Wähle aus den folgenden Möglichkeiten:
   – Hast du schon einmal etwas Besonderes geschafft? Setze diese Tätigkeit ein.
   – Setze eine deiner Pflichten ein (Hausaufgaben machen, mit dem Hund Gassi gehen, …).

Wenn ich aber _____ **darf,** wenn ich **will,**

dann **mag** ich auch _____ , wenn ich **soll,**

und dann **kann** ich auch _____ , wenn ich **muss.**

3 **a** Sieh dir die Verbotsschilder an. Sie schränken Freiheiten ein.

b Schreibe auf, was die Schilder verbieten.

A    B    C    D    E

Man darf hier nicht …   A <u>fotografieren</u>   B _____

C _____   D _____   E _____

Information	Modalverben

Modalverben sind *können, sollen, müssen, dürfen, wollen* und *mögen*.
Sie werden **meist zusammen mit anderen Verben** verwendet und drücken insbesondere eine **Möglichkeit**, eine **Fähigkeit**, eine **Erlaubnis**, einen **Zwang**, ein **Gesetz**, eine **Absicht** oder einen **Wunsch** aus, z. B.: *Ich kann/will meinen Beruf frei wählen.*

Verben der Notwendigkeit und Möglichkeit verwenden (2)

1 Lies den Text über die Freiheitsrechte.

Wilhelm Vossenkuhl

Freiheitsrechte

Freiheit ist nichts, was nur durch mich bestimmt wird. Ich brauche zwar mein eigenes Wollen
und Können. Ich brauche aber auch den Freiraum, in dem ich mein Wollen und Können entfalten
kann. Wenn ein Staat keine Freiheitsrechte garantiert, wenn ich nicht den Beruf wählen kann,
den ich will, dann bin ich nicht frei. Wenn ich nicht dahin reisen darf, wohin ich will, kann ich
5　nur von Freiheit träumen. Dann bin ich nicht wirklich frei. Darum ist Freiheit ein Bestandteil
in allen demokratischen Verfassungen. In unserem Grundgesetz heißt es: „Die Freiheit der Person
ist unverletzlich." Jeder soll sich im Rahmen der Gesetze frei entfalten können. Glaube,
Gewissen, Meinung, Presse, Kunst, Wissenschaft und Forschung sind frei, sagt das Grundgesetz.
Aber niemand darf seine Freiheit missbrauchen, um anderen zu schaden und sie in ihrer Freiheit
10　einzuschränken.

2 Was ist nach unserem Grundgesetz alles frei?

　a Markiere es im Text.

　b Schreibe es auf die Linien.

_____

_____

_____

Mit den sechs Modalverben *können, sollen, müssen, dürfen, wollen* und *mögen* kann man
etwas verbieten oder erlauben. Man kann mit ihnen etwas erzwingen oder wünschen.
Man kann eine Fähigkeit beschreiben oder eine Absicht.

3 Schreibe mit jedem der sechs Verben einen Satz auf.

Ich kann besonders gut _____

Ich soll _____

_____

_____

_____

_____

47

Die Grenzen der Freiheit – Sich eine Meinung bilden

1 Lies den gekürzten Artikel.

Angela Meyer, Wolfgang Stieler

Videoüberwachung in Schulen

Trotz aller Kritik breitet sich die Videoüberwachung immer weiter aus.

An einer Schule quälten einige Jugendliche einen Mitschüler oft brutal. Sie filmten ihre Taten.
Niemand aus der Klasse erzählte es einer Lehrkraft. Erst nach Monaten sprach das Opfer mit
einer Sozialpädagogin an der Schule.
Ein Politiker aus Niedersachsen forderte von den Schulen daraufhin ein Sicherheitskonzept.

5　„Wir können und wollen unsere Schulen nicht zu Hochsicherheitsanstalten ausbauen", erklärte
der Politiker. „Aber für einige schwierige Bereiche in den Schulen kann ich mir eine bestimmte
technische Überwachung vorstellen."

2 Sollte es an Schulen Überwachungskameras geben?
Kreuze deine Meinung dazu auf der Positionslinie an.

nein　　　　　　　*weiß nicht*　　　　　　　*ja*

◀━━━━━━━━━━━━━━━━━━━━▶

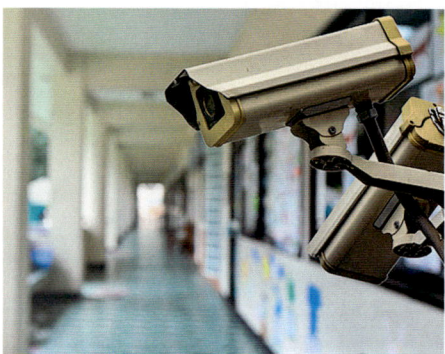

3 **a** Lies die folgenden Aussagen.

　 b Kreuze die Aussagen an, denen du zustimmst.

☐ A Jedes Jahr gibt unsere Schule viel Geld für Türen, Tische oder Stühle aus, die mit Absicht
beschädigt wurden. Das könnte durch **Überwachungskameras** vermieden werden.

☐ B Bei einer Videoüberwachung würde ich mich ständig beobachtet fühlen. Das wäre
kein gutes Gefühl. Da würden mir meine Freiheit und mein Privatbereich fehlen.
Ich bin **gegen eine Videoüberwachung.**

☐ C Ich fühle mich nicht wohl, weil es oft Prügeleien auf dem Schulhof gibt. Sie schränken
mich in meiner Freiheit stark ein. Deshalb bin ich **für die Videoüberwachung.**

☐ D Videoüberwachung an Schulen ist teuer. Das Geld könnte man besser einsetzen, z. B.
für neue Computer oder eine Kletterwand. Wir brauchen **keine Videoüberwachung.**

4 Schreibe eine weitere Aussage für oder gegen die Videoüberwachung in dein Heft.

5 Sieh dir noch einmal deine Lösung bei Aufgabe 2 an.
Würdest du jetzt anders antworten? Kreuze an.

ja ☐　　nein ☐

Die Grenzen der Freiheit – Diskutieren

1 a Lies die Argumente A bis F.

b Schreibe hinter jedes Argument, ob es für die Videoüberwachung (= pro) oder gegen die Videoüberwachung (= kontra) ist.

A Wenn Menschen wissen, dass sie beobachtet werden, stellen sie nicht so viel an. — _pro_

B Ich weiß, dass mir nicht viel passieren kann, wenn alles überwacht wird. — _____

C Ich kann mich nicht locker und zwanglos verhalten, weil ich mich beobachtet fühle. — _____

D Meine Wertsachen sind dann überall sicher. — _____

E Man kann immer sehen, was ich gerade mache. Das ist kein gutes Gefühl. — _____

F Wenn etwas passiert, kann man den Täter leichter finden. — _____

2 Verbinde die Argumente mit den passenden Beispielen.

Wenn Menschen wissen, dass sie beobachtet werden, stellen sie nicht so viel an.	Ich kann mein Geld in der Umkleide lassen und es kommt trotzdem nicht weg.
Ich weiß, dass mir nicht viel passieren kann, wenn alles überwacht wird.	Die Scheibe ist beschmiert. Auf dem Video kann man sehen, dass es Jan war.
Ich kann mich nicht locker und zwanglos verhalten, weil ich mich beobachtet fühle.	Meine Hose rutscht. Ich mag sie mir aber nicht hochziehen, das sieht man dann nämlich auf dem Video.
Meine Wertsachen sind dann überall sicher.	Der Mobber aus der anderen Klasse lässt mich in Ruhe, seit der Schulhof mit Kameras überwacht wird.
Man kann immer sehen, was ich gerade mache. Das ist kein gutes Gefühl.	Es gibt kaum noch Beschädigungen, weil alle wissen, dass die Videokamera immer läuft.
Wenn etwas passiert, kann man den Täter leichter finden.	Ich möchte meine Freundin gern umarmen, aber das können dann alle Lehrkräfte auf Video sehen.

3 Sollte es an Schulen Videoüberwachung geben? Führt in Partnerarbeit eine Diskussion durch.

a Legt fest, wer von euch für die Videoüberwachung und wer gegen die Videoüberwachung ist.

b Nutzt die Argumente und Beispiele aus Aufgabe 2.

Werbung – Aufbau und Wirkung erkennen

Werbeplakate sollen durch Bild und Sprache schnell auf den Betrachter wirken.

1 Sieh dir die fünf politischen Werbeplakate im Deutschbuch S. 79 genau an.

a Welches Plakat sieht für dich am besten aus? Schreibe auf.

_____

b Was gefällt dir an dem Plakat? (z. B. Farben, das Bild, ...)

_____

2 a Lies die Texte auf den Plakaten.

b Wie wirken die Begriffe „Freiheit" und „frei" auf den Plakaten? Kreuze an.

☐ Die Begriffe wirken positiv (gut).   ☐ Die Begriffe wirken negativ (schlecht).

Wörter mit positiver Bedeutung nennt man **Fahnenwörter.** Wie unter einer Fahne sammelt man sich unter solchen Begriffen, je nachdem, was man politisch gut findet.
Beispiele für Fahnenwörter sind _Frieden, Freiheit, Gleichberechtigung, Sicherheit, Umweltschutz._

3 Welches der Fahnenwörter würdest du auf deine Fahne schreiben?

_____

4 a Sieh dir die Werbeanzeige an. Wofür wirbt sie?

_____

b Welches Fahnenwort enthält die Anzeige?

_____

c Mit welcher Bedeutung wird das Fahnenwort hier verbunden?
Tipp: Lies noch einmal S. 43 in diesem Heft.

_____

Information   **Fahnenwörter in der Werbung**

Werbetexte sind **appellative Texte.** Sie wollen den Betrachter **zu etwas auffordern,** meist zum Kauf eines Produkts. Werbeanzeigen bestehen in der Regel aus **Bild- und Textteilen** wie:
- **Fotos und Farbhintergründen,** die mit dem Produkt in Verbindung gebracht werden sollen,
- **Fahnenwörtern** im Werbespruch (Headline), deren hoher positiver Wert mit dem Produkt in Verbindung gebracht werden soll.

Teste dich!

1 **a** Unterstreiche die richtige Aussage zum Begriff „Fahnenwort".

b Kreise die Buchstaben hinter der richtigen Aussage ein.

Ein Fahnenwort hat eine besonders positive Bedeutung.   **GL**

Ein Fahnenwort hat eine besonders negative Bedeutung.   **AB**

2 **a** Lies die Sätze.

b Ergänze jeweils im zweiten Satz das passende Modalverb.

c Kreise die Buchstaben hinter dem passenden Modalverb ein.

A Mein Bruder hat sich den Fuß verstaucht.

Er **kann**＿＿＿＿＿＿＿＿＿＿ in den nächsten Tagen nicht Fußball spielen.
　　　kann / muss / möchte

B Nächste Woche hat Großvater Geburtstag.

Ihr ＿＿＿＿＿＿＿＿＿＿ ihm schreiben.
　　dürft **RO** / könnt **DA** / müsst **ÜC**

C Deine Mutter hat eben angerufen.

Du ＿＿＿＿＿＿＿＿＿＿ dich in der nächsten halben Stunde bei ihr melden.
　　möchtest **LA** / sollst **KW**

D Gruppenfahrscheine gibt es erst ab 6 Personen.

Da wir nur zu viert sind, ＿＿＿＿＿＿＿＿＿＿ wir keinen Gruppenfahrschein kaufen.
　　　　　　　　dürfen **ÜN** / mögen **BA**

E Wir sind verpflichtet, beim Klettern die Sicherheitsvorkehrungen zu beachten.

Deshalb ＿＿＿＿＿＿＿＿＿＿ wir einen Helm tragen.
　　　können **ÄU** / müssen **SC** / dürfen **SO**

F Der Spieler erhält vom Schiedsrichter die Rote Karte.

Deshalb ＿＿＿＿＿＿＿＿＿＿ er das Spielfeld verlassen.
　　　muss **HE** / soll **SD** / kann **MU**

d Trage die eingekreisten Buchstaben ein. Sie ergeben ein Lösungswort.
Achtung: Schreibe in jedes Kästchen nur einen Buchstaben.

Für oder gegen die Freiheit? – Eine politische Rede analysieren (1)

Adolf Hitler war ein Politiker. Unter seiner Regierung wurden Parteien verboten. Er herrschte ab 1933 über das Deutsche Reich. Von da an wurden Millionen Menschen wegen ihres Glaubens oder wegen ihrer Herkunft eingesperrt und ermordet. Dies erlitten auch Menschen mit körperlichen oder geistigen Behinderungen. Im Jahr 1939 begann Deutschland unter Hitlers Führung den Zweiten Weltkrieg. 1945 war der Krieg verloren und Hitler beging Selbstmord.

1935 sprach Hitler auf dem „Reichsparteitag der Freiheit" zur Hitlerjugend (HJ). Das war ein Jugendverband seiner Partei. Fast alle deutschen Jugendlichen gehörten ihm an. Die meisten traten der HJ freiwillig bei. Viele wurden aber auch unter Druck gesetzt, bei der HJ mitzumachen.

1 Lies die Auszüge aus der Rede, die Hitler auf dem „Reichsparteitag der Freiheit" hielt.

Adolf Hitler

Rede an die Hitlerjugend (1935)

Deutsche Jugend! Zum dritten Male seid Ihr zu diesem Appell angetreten, über 50 000 Vertreter einer Gemeinschaft, die von Jahr zu Jahr größer wurde. [...] Unser Volk wird zusehends disziplinierter, straffer und strammer, und die Jugend beginnt damit. [...]
5 In unseren Augen, da **muss** der deutsche Junge der Zukunft schlank und rank sein, flink wie Windhunde, zäh wie Leder und hart wie Kruppstahl. Wir **müssen** einen neuen Menschen erziehen, [...]. Wir haben es unternommen, dieses Volk durch eine neue Schule zu erziehen, ihm eine Erziehung zu geben, die schon mit der Jugend anfängt und nimmer enden soll. [...] Keiner soll sagen, dass es für
10 ihn eine Zeit gibt, in der er sich ausschließlich selbst überlassen sein kann. Jeder ist **verpflichtet,** seinem Volke zu dienen, jeder ist **verpflichtet,** sich für diesen Dienst zu rüsten, körperlich zu stählen und geistig vorzubereiten und zu festigen. [...] Wir stehen jetzt hier, nicht durch Zufall gefügt, nicht weil jeder Einzelne tat, was er wollte, sondern weil Euch **der Befehl** Eures Reichsführers hierher gerufen hat. [...] Es ist der Ausdruck
15 eines **autoritären*** Staates, [...], bei dem jeder stolz ist, **gehorchen** zu dürfen, weil er weiß: Ich werde, wenn ich befehlen muss, genauso **Gehorsam** finden. [...] Ihr seid die Zukunft der Nation, die Zukunft des Deutschen Reiches!

*autoritär:
bevormundend,
beherrschend

2 Glaubst du, dass den Jugendlichen die Rede gefallen hat? Kreuze an.

ja ☐   nein ☐

3 a Lies noch einmal die hervorgehobenen Wörter in der Rede.

   b Geht es in Hitlers Rede auf dem „Reichsparteitag der Freiheit" wirklich um Freiheit? Begründe deine Antwort.

_____

_____

_____

_____

Für oder gegen die Freiheit? – Eine politische Rede analysieren (2)

1 Beantworte die Fragen zum Inhalt der Rede.
Gib die Textzeilen an, in denen du die Informationen gefunden hast.

A Zum wievielten Mal sind die Jugendlichen zu dem Appell angetreten?

Die Jugendlichen sind zum _____ Mal zu dem Appell angetreten.

Zeile: _____

B Sind die Jugendlichen durch Zufall dort, um Hitlers Rede zu hören?

Die Jugendlichen sind zu dem Appell gekommen, weil _____

_____

Zeile: _____

C Wie stellt sich Hitler den „deutschen Jungen" vor?
Schreibe seine Aussagen auf.

_____

_____

_____

Zeile: _____

2 Warum will Hitler wohl, dass deutsche Jungen ganz bestimmte Eigenschaften haben?
Kreuze an.

☐ Hitler will Kosten im Gesundheitswesen sparen.

☐ Hitler plant einen Krieg und braucht dafür gute Soldaten.

Im Jahr 1938 sagte Hitler in einer weiteren Rede an die Hitlerjugend den folgenden Satz:

> Und sie [die Jugendlichen] werden nicht mehr frei ihr ganzes Leben und sie sind glücklich dabei.

3 Was meint Hitler mit diesem Satz? Schreibe deine Vermutung auf.
Tipp: Lies dazu noch einmal die Zeilen 7 bis 12 in Hitlers Rede von 1935.

_____

_____

_____

5 „Liebe geht durch alle Zeiten"

Einen Roman der Gegenwart untersuchen (1)

„Saphirblau" ist der mittlere von drei Romanen, die zusammengehören. Die Hauptfigur heißt
Gwendolyn. Sie ist 16 Jahre alt und geht in die 10. Klasse. Eines Tages wird ihr auf der Straße
schwindelig. Plötzlich macht die Zeit einen Sprung zurück in die Vergangenheit. Gwendolyn
befindet sich noch an derselben Stelle, aber vor 100 Jahren. Einige Minuten später ist sie wieder
in ihrer eigenen Zeit. Von diesem Moment an macht Gwendolyn ständig Zeitreisen. Sie hat
von ihrer Familie das Zeitreise-Gen geerbt. Aber sie kann die Zeitreisen noch nicht kontrollieren.
Sie passieren einfach irgendwann. Ein junger Mann begleitet Gwendolyn oft bei den Reisen.
Er heißt Gideon.

1 Lies den gekürzten Romanauszug.

Kerstin Gier

Liebe geht durch alle Zeiten: Saphirblau (2010)

„Herrschaften, das ist eine Kirche! Hier küsst man sich nicht!"

Erschrocken riss ich meine Augen auf und fuhr hastig zurück. Ich erwartete, einen altmodischen

Pfarrer zu sehen, der empört eine Strafpredigt auf uns niederdonnern lassen wollte. Aber es

war gar kein Mensch, der unseren Kuss gestört hatte. Es war ein kleiner Wasserspeier. Das ist

5　eigentlich eine Figur, die an einem Gebäude hängt und aus deren Mund Regenwasser abläuft.

Aber dieser Wasserspeier saß auf der Kirchenbank direkt neben dem Beichtstuhl. Er war genauso

verblüfft wie ich. Und ich konnte gar nicht mehr klar denken.

Angefangen hatte alles mit diesem Kuss. Wir waren im Jahr 1912 und hatten gerade

eine atemberaubende Flucht hinter uns. Sie endete in dem Beichtstuhl einer Kirche. Und dort

10　hatte Gideon mich geküsst! Natürlich hätte ich mich fragen müssen, warum er auf diese Idee

gekommen war. Ich hätte diesen Kuss mit Küssen von anderen Jungs vergleichen können.

Ich hätte überlegen können, warum Gideon so viel besser küssen konnte. Tatsächlich dachte ich

aber überhaupt nichts, außer vielleicht *Oh* und *Hmmmm* und *Mehr!*

Deswegen bekam ich auch das Ziehen im Bauch nicht richtig mit. Da verschränkte dieser kleine

15　Wasserspeier seine Arme und funkelte mich von seiner Kirchenbank an. Und erst jetzt bekam ich

alles um mich herum wieder wirklich mit. Ich sah den kackbraunen Vorhang des Beichtstuhls.

Einen Roman der Gegenwart untersuchen (2)

Eben war er noch samtgrün gewesen. Da dämmerte mir, dass wir in der Zwischenzeit wieder
in die Gegenwart gesprungen waren.

„Mist!" Gideon rieb sich den Hinterkopf. *Mist?* Ich plumpste unsanft von meiner Wolke sieben und

20 vergaß den Wasserspeier.

„So schlecht fand ich es nun auch wieder nicht", sagte ich. Ich bemühte mich dabei um einen
möglichst lässigen Tonfall. Leider war ich durch den Kuss etwas außer Atem. Das verringerte
den lässigen Gesamteindruck. Ich konnte Gideon nicht in die Augen sehen. Stattdessen starrte
ich noch immer auf den braunen Vorhang des Beichtstuhls.

2 Sind Gwendolyn und Gideon verliebt?

a Schreibe deine Meinung dazu auf.

_____

b Unterstreiche im Text alle Anzeichen für Gwendolyns Verliebtheit.
   Tipp: Achte besonders auf die Zeilen 11 bis 24.

3 Versetze dich in Gwendolyn hinein.
Was könnte sie am Handy einer Freundin oder einem Freund schreiben?
Schreibe eine kurze Nachricht über das Geschehen.

Du glaubst nicht, was mir passiert ist! _____

_____

_____

_____

_____

4 a Würdest du den Roman gern weiterlesen? Kreuze an.   ja ☐   nein ☐

   b Warum? Begründe deine Meinung.

_____

_____   spannend ·

_____   langweilig ·

                                                  interessant ·

                                                  uninteressant

Einen Heftroman untersuchen – Wörtliche Rede (1)

1 **a** Lies den gekürzten Romanauszug.

   b Bei den mit → gekennzeichneten Sätzen fehlen die Satzzeichen der wörtlichen Rede.
   Ergänze sie.
   Unterstreiche jeweils den Begleitsatz. An ihm erkennst du, wer redet.
   Tipp: Lies dazu den Informationskasten auf S. 57 unten.

Stefanie Burgemeister

Heideland, wie bist du so schön (2014) – Auszug 1

Elisabeth erhob sich und streckte ihm die Hand hin. → „Dann komm", sagte sie einfach.

Sie wusste selbst nicht, weshalb sie plötzlich so **glücklich** war. Ihr Herz stolperte, als sie

fühlte, wie er ihre Hand ergriff. Und plötzlich hatte sie das Gefühl, als sei es schon immer

so gewesen. Forschend blickte sie ihn an, und ein **grenzenloses Vertrauen** überkam sie. […]

5 → Willst du noch lange hier bleiben, Andreas? fragte sie leise.

→ Ich weiß es noch nicht, kleine Prinzessin antwortete er mit **unendlich zärtlicher Stimme.**

→ Hätte ich dich nicht getroffen, dann wäre ich vielleicht schon längst wieder

verschwunden. Es ist nicht gut, wenn man nur für seine Erinnerungen lebt. Man muss

die Gegenwart wiederfinden. Es war ein Fehler herzukommen.

10 → Wie meinst du das? wollte sie wissen.

→ **Liebevoll** erklärte er: Du wirst das nicht verstehen, Prinzesschen. Seit vielen Jahren schon

geistert die Heide durch meine Träume. Ich habe keine ruhige Minute mehr gefunden, und

jetzt, da ich hier bin, ist es noch viel schlimmer. […] **Unendlich traurig** blickte er sie an.

Dann ließ er ihre Hand los, um die seine an ihre Wange zu legen.

15 → Manchmal denke ich, du bist ein Wesen aus einer anderen Welt. Bist du sicher, dass

du nicht schon längst tot bist, um mir zu erscheinen? wollte er von ihr wissen.

Elisabeth lachte leise. → Lieber Andreas sagte sie **sanft.** In meinem ganzen Leben hat noch

niemand solche Dinge zu mir gesagt. Doch ich versichere dir, dass ich aus Fleisch und Blut

bin. Ich bin die Tochter des Schäfers und heiße Elisabeth.

20 → Ich weiß, kleine Fee, ich weiß es stimmte er ihr zu. Und doch kann ich es nicht fassen.

Du bist das schönste Mädchen, das mir je über den Weg gelaufen ist. Am liebsten würde

ich in der Tiefe deiner blauen Augen ertrinken. Einfach alles um mich herum aufgeben und

die dunklen Flecken in meiner Vergangenheit vergessen.

Ganz langsam näherte sein Gesicht sich dem ihren, während seine Augen ihren Blick

25 festhielten. → Meine kleine Heideprinzessin flüsterte er. Noch immer blickte er so

verwundert drein, als könnte er alles einfach nicht glauben. Dann lagen seine Lippen auf

Einen Heftroman untersuchen – Wörtliche Rede (2)

den ihren. Sein Kuss war **vorsichtig** und **unendlich zart,** so als hätte er Angst, er könnte etwas zerbrechen.

Elisabeth schloss die Augen. Noch nie zuvor hatte ein Mann sie so geküsst, und noch
30 keiner hatte es geschafft, solch einen Gefühlssturm in ihr auszulösen. Inständig hoffte sie, dieser Augenblick möge niemals vergehen. Sie spürte den Schlag seines Herzens an ihrer Brust, und seine Arme umfingen sie zunächst **unendlich sanft** und dann so fest, als wollte er sie nie wieder loslassen. […]

2 a Lies noch einmal die **hervorgehobenen** Wörter im Text.

   b Wie wirken sie auf dich? Was fällt dir auf? Schreibe einen Satz.
      Tipp: Hilfen findest du im Kasten am Rand.

| gefühlsbetonte Wortwahl · |
| Adjektive · |
| beschreiben Gefühle · |
| emotional · |
| übertrieben |

_____

_____

_____

3 a Sieh dir die markierten Stellen im Text an.

   b Was bedeuten diese sprachlichen Bilder?
      Verbinde jedes Bild mit der passenden Aussage.

| Ihr Herz stolperte |
| in der Tiefe deiner blauen Augen ertrinken |
| die dunklen Flecken in meiner Vergangenheit |
| Gefühlssturm |

| Sie empfindet gleichzeitig viele heftige Gefühle. |
| Ihr Herz schlägt unruhig, weil sie sehr aufgeregt ist. |
| Ich möchte dir ganz nah sein und alles andere vergessen. |
| Ich habe früher einige schlimme Dinge erlebt oder getan. |

Information   **Wörtliche Rede (direkte Rede)**

Die **wörtliche Rede** wird am Anfang und am Ende durch **Anführungszeichen** gekennzeichnet.
- Nach einem **vorangestellten Begleitsatz** steht ein **Doppelpunkt,**
   z. B.: *Sie sagte: „Dann komm."*
- Wenn **der Begleitsatz** der wörtlichen Rede **folgt,** wird er durch ein **Komma** abgetrennt, z. B.:
   „Ich weiß es noch nicht", antwortete er.
- Der **Begleitsatz** kann auch in die wörtliche Rede **eingeschoben** sein. Dann wird er durch
   Kommas abgetrennt, z. B.: *„Ich würde ja gern", sagte er, „aber ich kann einfach nicht."*

Teste dich!

1 **a** Lies die Aussagen zu den beiden Romanauszügen.

  b Kreise die Buchstaben vor den richtigen Aussagen ein.

	„Liebe geht durch alle Zeiten: Saphirblau"
BO	Der Roman ist in der Er-/Sie-Form geschrieben.
ST	Der Roman ist in der Ich-Form geschrieben.
EI	Der Ich-Erzähler ist ein kleiner Wasserspeier.
I	Die Ich-Erzählerin ist Gwendolyn.
KU	Die Ich-Erzählerin kennt alle Gefühle und Gedanken der anderen Figuren.
LM	Die Ich-Erzählerin beschreibt vor allem ihre eigenen Gefühle.
ER	In dem Romanauszug geht es hauptsächlich um Liebe.
PE	In dem Romanauszug geht es hauptsächlich um Streit.

	„Heideland, wie bist du so schön"
U	Der Roman ist in der Ich-Form geschrieben.
K	Der Roman ist in der Er-/Sie-Form geschrieben.
UL	Die Hauptfigur heißt Elisabeth und ist eine Prinzessin.
MA	Die Hauptfigur heißt Elisabeth und ist die Tochter eines Schafhüters.
L	In dem Romanauszug geht es vor allem um Gefühle.
N	In dem Romanauszug geht es um Geister und Feen in der Heide.

  c Trage die eingekreisten Buchstaben ein.
  Sie ergeben ein Lösungswort.
  Achtung: Schreibe in jedes Kästchen nur einen Buchstaben.

Einen Heftroman untersuchen – Präpositionen

1 a Lies den gekürzten Romanauszug.

b Markiere jede Präposition im Text.
Streiche sie dann im Kasten am Rand durch.
Tipp: Lies dazu den Informationskasten unten.

c Unterstreiche zu jeder Präposition das dazugehörige Nomen.

am • am • auf •
auf • außer •
durch • durch •
für • gegen • ~~in~~ •
mit • ohne • ~~seit~~ •
zwischen

Stefanie Burgemeister

Heideland, wie bist du so schön (2014) – Auszug 2

Das bildhübsche Mädchen ließ die Beine in das Wasser baumeln. Seit dem Morgen saß es schon

auf dem Bootssteg am Ufer des kleinen Sees. Aber für den Steg interessierte es sich nicht.

Auf den Knien hatte es ein Buch. Das Mädchen las ohne Unterbrechung. Außer dem Mädchen

befand sich noch ein Hund dort. Er hatte den Kopf zwischen seine Vorderbeine gelegt. Durch halb

5 geöffnete Augen blinzelte er verschlafen umher. Manchmal wedelte er kurz mit dem Schwanz.

Am anderen Ufer des kleinen Sees lag ein alter, morscher Holzkahn. Er bewegte sich kaum

merklich durch die Wellen. Verspielt plätscherte das Wasser gegen das seichte Ufer.

2 Trage die Präpositionen mit ihren Nomen in die Tabelle ein.

Präposition mit Akkusativ (Wen oder was?)	Präposition mit Dativ (Wem?)
in das Wasser	Seit dem Morgen

Information	**Präpositionen bestimmen den Kasus (Fall) von Nomen und Pronomen**

- **Präpositionen** wie *in, auf, unter* drücken **Verhältnisse und Beziehungen** von Gegenständen, Personen oder anderem aus.
- Präpositionen wie ***durch, für, gegen, ohne, um*** stehen vor dem **Akkusativ**, z. B.: *ohne mich.*
- Präpositionen wie ***aus, außer, bei, mit, nach, seit, von, zu*** stehen vor dem **Dativ**, z. B.: *mit mir.*
- Manche Präpositionen können auch mit **zwei verschiedenen Fällen** stehen, z. B.: *an **das** (ans) Fenster* (Akkusativ), *an **dem** (am) Fenster* (Dativ).

Einen Heftroman untersuchen – Verben im Präteritum

1 a Lies den gekürzten Romanauszug.

b Markiere die Verben im Präsens.
Tipp: Lies dazu den Informationskasten unten.

Stefanie Burgemeister

Heideland, wie bist du so schön (2014) – Auszug 3

„Das ist wunderschön, Troll", seufzt Elisabeth Bergen,

die erwachsene Tochter des Schäfers. „Ich glaube, das ist

die schönste Sage, die ich jemals gelesen habe."

Ein glückliches Lächeln umspielt ihre roten Lippen. [...]

5 Dann vertieft sie sich wieder in ihre Geschichte. Schließlich will sie erfahren,

ob die Liebe wirklich siegt oder die Wirklichkeit. Halblaut liest sie weiter.

2 Schreibe den Romanauszug ab.
Setze dabei die Verben im Präsens in das Präteritum.
Tipp: Verben innerhalb der wörtlichen Rede werden nicht verändert.

„Das ist wunderschön, Troll", seufzte Elisabeth _____

_____

_____

_____

_____

_____

3 Markiere in deinem Text die Verben im Präteritum.

Information   **Das Verb und sein Tempus** (seine Zeitform)

Verben kann man **in verschiedenen Zeitformen** (Tempora) verwenden, z. B.
im **Präsens** (Gegenwartsform) oder im **Präteritum** (einfache Vergangenheitsform).
Die Zeitformen der Verben sagen aus, **wann** etwas passiert.
- Das **Präsens** wird meist verwendet, wenn man sagen will, dass etwas **jetzt geschieht,** z. B.:
  Er **schreibt** (gerade) einen Brief.
- Das **Präteritum** verwendet man in der Regel, wenn man schriftlich erzählt, z. B.:
  Gestern **ging** ich zum Strand. Dort **fand** ich eine wunderschöne Muschel.

Einen Heftroman untersuchen – Rechtschreibstrategie Verlängern

1 a Lies den gekürzten Romanauszug.

    b Bei einigen Wörtern fehlt der letzte Buchstabe.
Schreibe diese Wörter unten auf die Linien und verlängere sie.

    c Ergänze dann die letzten Buchstaben im Text.
Tipp: Lies dazu den Informationskasten unten.

Stefanie Burgemeister

Heideland, wie bist du so schön (2014) – Auszug 4

Halblaut las Elisabeth weiter. „Er nahm sich keine neue Frau, da keine Sterbliche

der Schwanenfrau glich. Er hielt jahrelang Ausschau und wartete **geduldi_g_** . Doch er sah

die verzauberten Schwäne niemals wieder." Elisabeth **ho____** ihr verweintes Gesicht.

Die Geschichte war sehr **beeindrucken____** . Sie konnte nur mit Mühe ein Schluchzen

₅ unterdrücken. Der alte Weidenbaum am Seeufer war **riesi____** und seine langen Äste bewegten

sich **geschmeidi____** im **Win____** . Die Blätter rauschten leise, sonst war alles **ruhi____** . Langsam

san____ die Sonne tiefer. Für eine Weile glaubte Elisabeth tatsächlich, dass sie sich in

einer verzauberten Welt **befan____** . Das war ihr kleines Reich in unberührter Natur. Hier war

sie abgeschirmt von allen schlimmen Dingen, die es anderswo **ga____** .

b oder p? _____

d oder t? _____

_____

g oder k? geduldi? – geduldiger, _____

_____

Information	**Das Verlängern**

Bei Einsilbern und am Wortende kann man Buchstaben nicht immer sicher zuordnen, z. B.:
der Umschlag. Dann hilft die Strategie **„Verlängern".** Das heißt: **Man fügt an
das Wortende eine Silbe an,** z. B.: *der Umschlag* – denn: *die Um·schlä·ge*.

- **Nomen** setzt man in den Plural: *der Weg* – **die We·ge**.
- **Verben** setzt man in eine andere Personalform: *fand* – **wir fan·den**.
- **Adjektive** steigert man: *lieb* – *lie·ber*, als.

6 Begegnungen

Die Kurzgeschichte „Allmorgendlich" lesen (1)

1 Lies die gekürzte Fassung der Kurzgeschichte „Allmorgendlich".

Michaela Seul

Allmorgendlich (1987)

1 Jeden Morgen sah ich sie. Ich glaube, sie fiel mir gleich bei der ersten Fahrt auf. Ich hatte meinen Arbeitsplatz gewechselt und fuhr seit Anfang des Monats mit dem Bus um 8:11 Uhr.

5 **2** Es war Winter. Jeden Morgen trug sie den kirschroten Mantel, weiße Stiefel und weiße Handschuhe. Ihr langes Haar war zu einem ungewöhnlichen, aber langweiligen Knoten aufgesteckt. Jeden Morgen stieg sie um 8:15 Uhr

10 in den Bus. Sie ging mit hocherhobenem Kopf auf ihren Stammplatz zu, hinten rechts.

3 Das Wort mürrisch passte gut zu ihr. Sie war mir sofort unsympathisch. So geht es mir oft: Ich sehe fremde Menschen, ich wechsle kein Wort mit ihnen und fühle trotzdem sofort Ablehnung und Ärger, wenn ich sie nur sehe. Ich wusste nicht, was mich an ihr so störte, denn ich fand sie nicht schön; es war also kein Neid.

15 **4** Sie stieg zu, setzte sich auf ihren Platz. Er war seltsamerweise immer frei. Dann holte sie die Zeitung aus ihrer schwarzen Tasche und begann zu lesen. Jeden Morgen ab Seite drei. Nach der dritten Station griff sie erneut in die Tasche und holte zwei Brote hervor. Einmal mit Salami und einmal mit Mettwurst. Lesend aß sie.

Sie schmatzte nicht und trotzdem erfüllte mich ihr essender

20 Anblick mit Ekel. Die Brote waren in einem Klarsichtbeutel aufbewahrt. Ich fragte mich oft, ob sie einen neuen Beutel benutzte oder denselben mehrmals verwendete.

5 Ich beobachtete sie ungefähr zwei Wochen lang. Da gab sie mir gegenüber plötzlich ihre mürrische Gleichgültigkeit auf. Sie musterte mich prüfend. Ich wich ihr nicht aus.

25 Unsere Feindschaft war besiegelt. Am nächsten Morgen setzte ich mich auf ihren Stammplatz. Sie ließ sich nichts anmerken und begann wie immer zu lesen. Die Brote packte sie allerdings erst nach der sechsten Station aus. Jeden Morgen verdarb sie mir den Tag. Gierig starrte ich zu ihr hinüber. Ich saugte jede ihrer Handlungen auf. Sie wiederholten sich Tag für Tag. Ich fühlte mich von ihren Handlungen persönlich beleidigt.

Die Kurzgeschichte „Allmorgendlich" lesen (2)

30 **6** Dann saß sie einige Tage nicht im Bus. Das beunruhigte mich und ich erkannte, wie wichtig

mir dieses allmorgendliche Ärgern geworden war. Ich war erleichtert, als sie wieder erschien.

Gleichzeitig ärgerte ich mich doppelt über sie. Ich ärgerte mich über den kirschroten Mantel,

über das griesgrämige Gesicht, über die Salami, die Mettwurst und die Zeitung.

7 Vorgestern übernachtete meine Freundin Beate bei mir. Zusammen gingen wir zum Bus. SIE

35 stieg wie immer um 8:15 Uhr zu und setzte sich auf ihren Platz. Beate, der ich nie von IHR erzählt

hatte, lachte plötzlich. Sie zupfte mich am Ärmel und flüsterte: „Schau mal, die mit dem roten

Mantel, die jetzt das Brot isst. Also, ich kann mir nicht helfen, aber die erinnert mich unheimlich

an dich. Wie sie isst und sitzt und wie sie schaut."

2 Ergänze die Sätze aus der Kurzgeschichte. Du findest sie in den angegebenen Absätzen.
Denke an die Satzzeichen am Satzende.

A Ich hatte meinen Arbeitsplatz gewechselt und fuhr seit Anfang des Monats mit dem Bus

um _____ (Absatz 1)

B Ich sehe fremde Menschen, ich wechsle kein Wort mit ihnen und fühle trotzdem sofort

_____ (Absatz 3)

C Sie schmatzte nicht und trotzdem _____

_____ (Absatz 4)

D Ich fühlte mich von ihren Handlungen _____ (Absatz 5)

E Das beunruhigte mich und ich erkannte, wie _____

_____ (Absatz 6)

F Also, ich kann mir nicht helfen, aber _____

_____ (Absatz 7)

3 In welcher Alltagssituation begegnen sich die Figuren in der Kurzgeschichte?
Ergänze den Satz.

In der Kurzgeschichte „Allmorgendlich" begegnen sich zwei _____

im _____ auf dem Weg zur _____ .

Die Figuren der Kurzgeschichte „Allmorgendlich" untersuchen

Kurzgeschichten erzählen etwas **Aussagekräftiges** über eine **Figur** und **charakterisieren** sie damit.

1 Wie beschreibt die Ich-Erzählerin **das Aussehen** der fremden Frau?
Unterstreiche die Informationen blau.

2 Wie beschreibt die Ich-Erzählerin **das Verhalten** der fremden Frau? Was **tut** diese Frau?
Unterstreiche die Informationen grün.

3 Welche **Gefühle** hat die Ich-Erzählerin gegenüber der anderen Frau?
Unterstreiche die Informationen rot.

4 Welchen Aussagen über die Ich-Erzählerin stimmst du zu?
Kreuze an.

    ☐ A Die Ich-Erzählerin hat keinen richtigen Grund für ihre negativen Gefühle,
          denn die fremde Frau verhält sich ganz normal.

    ☐ B Die Ich-Erzählerin ist neidisch auf die fremde Frau, denn die Fremde hat
          einen besseren Sitzplatz und ist hübscher.

    ☐ C Die Ich-Erzählerin steigert sich gern in ihren Ärger hinein. Deshalb wird sie unruhig,
          als die fremde Frau ein paar Tage lang nicht auftaucht.

In Kurzgeschichten gibt es häufig einen überraschenden **Wendepunkt.** An dieser Stelle verändert sich die Geschichte so, wie man es nicht vermutet.

5 a Markiere den Wendepunkt in der Kurzgeschichte „Allmorgendlich".
    Tipp: Lies dazu noch einmal den letzten Absatz der Geschichte.

   b Was ist überraschend an diesem Wendepunkt? Schreibe es auf.

> Die Freundin der Ich-Erzählerin findet, dass … • ähnlich • Ich-Erzählerin wirkt also selbst …

_____

_____

_____

6 Wie reagiert die Ich-Erzählerin wohl auf die Aussage ihrer Freundin?
Schreibe deine Vermutung auf.

_____

_____

_____

Den Inhalt der Kurzgeschichte „Zuerst den Linken" erschließen (1)

1 Lies die gekürzte Fassung der Kurzgeschichte „Zuerst den Linken".

Selim Özdogan

Zuerst den Linken (2003)

Es war ein gewohntes Geräusch, aber es ging mir auf die Nerven, vor allem nachts. Es hatte
lange gedauert, bis ich wusste, was das für Geräusche waren, immer zwei, kurz nacheinander,
manchmal dumpf und manchmal polternd. Ich hörte die Geräusche immer dann, wenn sie
nach Hause gekommen war, egal um welche Zeit.

5   Sie wohnte über mir. Ich hatte einige Male versucht, den gleichen Weg durch meine Wohnung
zu machen wie sie. Ich wollte dahinterkommen, was sie dort oben tat. Zuerst hörte man, wie
sie die Tür aufschloss. Danach konnte man das Klackern ihrer Absätze im Flur
hören. Das Klackern führte schnurstracks in die Küche. Dort gab es ein leises
Knarren wie von einem alten Holzstuhl. Und dann hörte man die zwei

10   polternden Geräusche wieder im Flur.

Sie schmiss ihre Schuhe von der Küche aus in den Flur. Tagsüber fiel es mir
nicht immer auf. Aber am späten Abend oder nachts rissen die Geräusche
mich aus dem Schlaf. Wenn ich abends einschlief und sie war noch nicht
zu Hause, wusste ich schon, dass sie mich wecken würde. Es nervte.

15   Also sprach ich sie im Treppenhaus darauf an.

„Entschuldige, kann es sein, dass du deine Schuhe immer von der Küche aus in den Flur wirfst?"
„Ja. Wie?"
„Nun, man hört das unten, und nachts wache ich davon auf. Ich weiß, das mag jetzt kleinlich
wirken. Aber ich wache halt immer auf. Wenn du vielleicht ..."

20   Es schien ihr unangenehm zu sein.

„Natürlich, kein Problem. Wenn ich das gewusst hätte ... Und die Musik?"
„Musik stört mich nicht."
Sie schien mich nicht spießig oder kleinkariert zu finden. Sie hatte mich nicht angesehen, als hätte
ich zu ihr gesagt, ich wäre die Prinzessin auf der Erbse. Ich glaubte, sie hätte mich verstanden.

25   Noch in derselben Nacht wurde ich geweckt. Ich war entspannt eingeschlafen, weil ich dachte,
dass ich durchschlafen würde, obwohl sie noch nicht zu Hause war. Ich wurde wach von
dem Geräusch ihres Schuhs. Ihres einen Schuhs. Ich wartete. Nichts geschah. Hatte ich
den ersten etwa verschlafen? Das war noch nie passiert. Das Geräusch war so laut gewesen, es
mussten Stiefel sein. Ich wartete, dass sie den zweiten Stiefel auch in den Flur schleuderte, aber

30   das tat sie nicht. Vielleicht war sie völlig erledigt. Vielleicht war sie kaum fähig, sich zu bewegen.
Aber das ging mich nichts an. Ich hatte sie gebeten, nicht mehr diesen Lärm zu veranstalten.

Den Inhalt der Kurzgeschichte „Zuerst den Linken" erschließen (2)

Doch sie konnte wohl nicht anders. Ich wartete auf das zweite Poltern, damit ich weiterschlafen

konnte. Zwei, drei, vier Minuten der Stille. Jetzt schmeiß schon, dachte ich. Jetzt mach, damit ich

schlafen kann, dumme Kuh. Erst sagen, kein Problem, und sich dann einen Dreck darum scheren,

35 was man gesagt hat. Schmeiß!

Es blieb still. Es blieb still, und ich blieb wach. Eine Viertelstunde lang wartete ich auf das zweite

Poltern. Eine Viertelstunde lang regte ich mich über diese Frau auf. Dann brauchte ich zwei

Stunden, um mich zu beruhigen und einzuschlafen. Sie hätte doch gleich sagen sollen, dass ich

mich anstellte. Aber nein, stattdessen hatte sie so getan, als würde sie mich verstehen. [...]

2 **Worum geht es in dem bisherigen Teil der Kurzgeschichte?**
Ergänze die folgenden Sätze.
Denke an die Satzzeichen am Satzende.

In Selim Özdogans Geschichte „Zuerst _____" geht es

um einen Mann, der nachts oft durch _____

geweckt wird. Die Bewohnerin, die über ihm wohnt, schmeißt immer _____

_____

Von den lauten Geräuschen wacht der Ich-Erzähler _____

Deshalb spricht er die Frau eines Tages freundlich im _____ an.

Sie verspricht, mit dem Lärm aufzuhören. Doch schon in der nächsten Nacht passiert es wieder.

Aber dieses Mal hört der Ich-Erzähler nur _____ .

Er wartet auf _____ , aber es kommt nicht.

Vor lauter Ärger kann er dann _____ nicht mehr einschlafen.

3 **Der Ich-Erzähler weiß lange Zeit nicht, was die störenden Geräusche verursacht.**
Was tut er, um das herauszufinden?
Markiere die Textstelle und schreibe sie dann auf.

_____

_____

_____

_____

Den Wendepunkt zur Kurzgeschichte „Zuerst den Linken" verfassen

1 Am Ende der Geschichte trifft der Ich-Erzähler seine Nachbarin im Treppenhaus.

a Was könnte der Ich-Erzähler tun? Kreuze an.

☐ Er spricht die Nachbarin an.   ☐ Er geht verärgert weiter.

☐ Er grüßt die Nachbarin einfach nur.   ☐ Er schimpft mit der Nachbarin.

b Was könnte der Ich-Erzähler sagen? Was könnte die Nachbarin antworten?
Wähle aus den je drei Möglichkeiten eine aus oder denke dir selbst einen Dialog aus.
Schreibe den Dialog auf. Denke an die Zeichen der wörtlichen Rede.

| du wolltest mit dem Lärm doch aufhören, aber gestern Nacht gab es wieder Gepolter | ich habe mich geärgert, dass du mich gestern wieder aufgeweckt hast | und einen schönen Tag noch |

| ein bisschen Gepolter ist doch nicht so schlimm. Stell dich nicht so an | tut mir leid, dass du wieder aufgewacht bist, ich hatte es vergessen | danke, dir auch einen schönen Tag |

Er sagt: „Hallo, _____

_____

Sie antwortet: _____

_____

2 Lies das tatsächliche Ende der Kurzgeschichte.
Ergänze die Satzzeichen der wörtlichen Rede.

VORSICHT FEHLER!

Bist du gestern Nacht aufgewacht? fragte sie mich am nächsten Tag
im Treppenhaus. Ich hatte leider den linken Schuh so aus Gewohnheit schon
in den Flur geschleudert. Erst dann fiel mir wieder ein, dass dich das stört.
Deshalb habe ich den rechten dann ganz leise danebengelegt.

3 Eigentlich ist der Ich-Erzähler wütend auf seine Nachbarin.
Das ändert sich, als sie im Treppenhaus mit ihm spricht. Warum? Ergänze den Satz.

Er ist nicht mehr ärgerlich, weil _____

_____

Die Kurzgeschichte „Schiffe" lesen

1   Lies die gekürzte Fassung der Kurzgeschichte „Schiffe".

Marlene Röder

Schiffe (2011)

Ich sollte aufhören, Fisch zu essen. Dann würde ich jetzt nicht an dieser dämlichen Theke
anstehen. Und ich müsste nicht so tun, als hätte ich dich nicht bemerkt. Acht oder neun Monate
ist es her, dass wir zusammen waren. Die Linie deines Nackens, deine Hände, alles ist mir
so vertraut.

5   Du hast mich auch gesehen. Du zögerst kurz, dann kommst du direkt auf mich zu. Ich bin
in der Schlange an der Fischtheke der Dritte. Mein Herz klopft, meine Hände sind feucht.
Die toten Fische riechen nach Meer.
„Hallo, Noah", sagst du.
„Hallo, Sarah", sage ich und dann ist da diese Stille.

10   Vielleicht denkst du auch an das Ferienhaus auf der Insel. Fährst du immer noch hin?
„Ist das nicht langweilig, jeden Sommer am selben Ort?", habe ich dich damals gefragt.
Aber du hast gelächelt. „Nein. Es ist wie nach Hause kommen. Außerdem ist ja Jill da."
Manchmal ist deine Cousine mitgekommen, wenn wir an den Strand gegangen sind. Jill hat es
gemocht, ganz nahe am Wasser entlangzulaufen. Du hast den warmen Sand unter deinen Füßen
15   gemocht.
Einmal hast du ein Stück altes Fischernetz gefunden. Du hast es hochgehoben und durchgeguckt.
„Hey Noah-Fisch!", hast du gesagt und gelacht. „Ich hab dich gefangen."
Wir stehen jetzt zusammen an. Nur noch ein alter Mann ist vor mir.
Sind die Fensterbänke eures Ferienhauses immer noch mit Schiffen vollgestellt? Du hast sie mit
20   deiner Familie gebaut. Und fünf sind von uns gewesen.
Wir haben fünf Schiffe in zwei Sommern gebaut.
„Wie geht es dir?", frage ich. Mir fällt nichts Besseres ein.
„Oh, ganz gut." Du lächelst. Ich weiß nicht, ob es Glück ist oder etwas anderes. „Ich bin jetzt
seit einem halben Jahr mit meinem Freund Jörg zusammen."
25   „Schön für dich", sage ich.
„Und bei dir so?", fragst du.
Die Antwort bleibt mir erspart.
„Ja, bitte?", fragt mich die Verkäuferin hinter
der Fischtheke. Ich habe vergessen, was ich kaufen
30   wollte. Also zeige ich einfach auf einen Fisch.
Er ist braun und sieht aus wie ein Tiefseemonster.
„Sie möchten den Seeteufel?", fragt die Fischfrau.
„Ja." Ich kann mir den Fisch eigentlich gar nicht

leisten. Er kostet 39,60 Euro. Ich bezahle. Jörg heißt er also. Ob er auch Schiffe mit dir baut?
35   Ich will dir sagen, dass du unsere alten Schiffe verbrennen sollst. Ein Feuer ist besser, als langsam
auf der Fensterbank zu verstauben. Aber dann will ich einfach nur noch gehen.
„War nett, dich mal wiederzusehen, Noah", sagst du noch.
„Ja", antworte ich. „Ich muss jetzt mal wieder."
Du nickst. „Ja klar. Tschüss."
40   Lange laufe ich durch die Stadt. Irgendwann bleibe ich am Kanal stehen. Er ist ein trüber
Wasserstreifen zwischen Betonmauern.
Ich habe kein Schiff, aber ich habe einen Fisch. Und das ist fast noch besser. Soll
der Scheißseeteufel doch zurück zur Insel schwimmen! Er sieht fast lebendig aus,
als ich ihn werfe.
45   Dann trifft er auf die Wasseroberfläche und sinkt wie ein Stein.

Das Thema und das Leitmotiv der Kurzgeschichte „Schiffe" untersuchen

1 Welche beiden Aussagen geben das Thema der Kurzgeschichte genau wieder?
Kreuze sie an.

☐ A Das Thema der Kurzgeschichte ist das Verhältnis von zwei jungen Leuten,
die zusammen am Meer Urlaub gemacht haben.

☐ B In der Kurzgeschichte geht es darum, wie Noah seine Gefühle nach der Trennung
von Sarah endgültig verarbeiten kann.

☐ C Im Mittelpunkt der Kurzgeschichte stehen Sarah und Noah.
Sie treffen sich einige Monate nach ihrer Trennung zufällig in einem Supermarkt.

☐ D Das Thema der Kurzgeschichte ist Noahs Verhältnis zu Jill.

2 a Markiere in der Kurzgeschichte alle Textstellen, die von Fisch handeln, rot.

b Markiere in der Kurzgeschichte alle Textstellen, die von Schiffen handeln, blau.

3 Finde im Text acht verschiedene Wörter, die aus dem Wortfeld „Meer" stammen.
Schreibe sie in den Cluster.

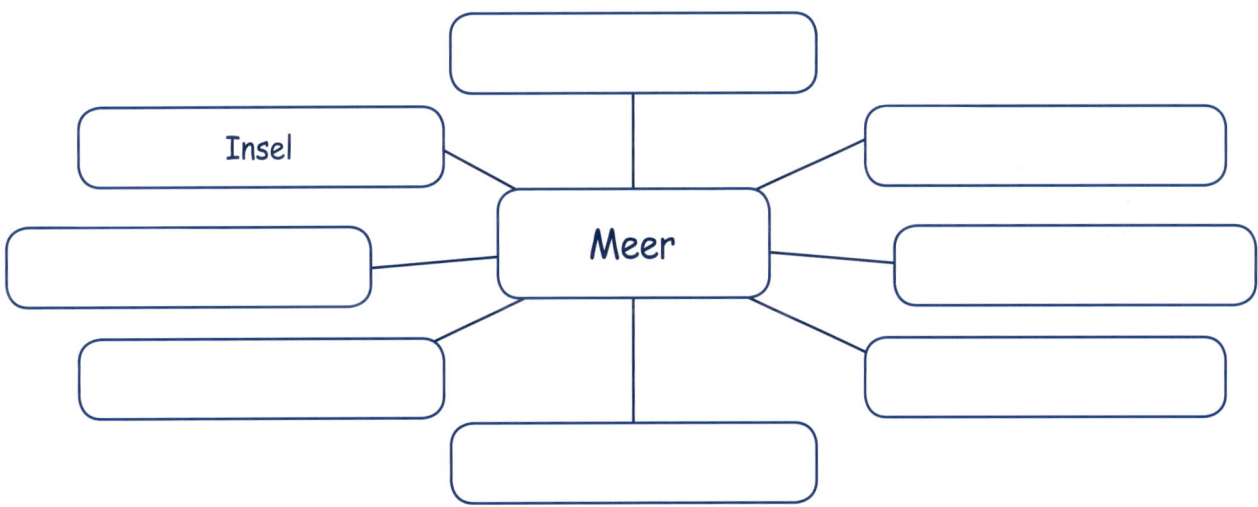

4 Warum wirft Noah den toten Fisch in den Kanal? Schreibe deine Vermutung auf.

_____

_____

Information	Das Leitmotiv

Leitmotiv: Ein Baustein, z. B. eine einprägsame Aussage, ein Ort, ein Gegenstand oder
eine Farbe, **kommt im Text wiederholt vor.** Dadurch erhält er eine **besondere Bedeutung.**

Die Kurzgeschichte „Schiffe" untersuchen – Relativsätze

1 a Lies die veränderten Sätze aus der Kurzgeschichte „Schiffe".

b Markiere in jedem Satz das Relativpronomen.

c Unterstreiche das Wort, auf das sich das Relativpronomen bezieht.
Tipp: Lies dazu den Informationskasten unten.

d Setze die fehlenden Kommas.

Ich stehe in der <u>Schlange</u> die sich an der Fischtheke gebildet hat.

Vielleicht denkst du auch an das Ferienhaus das auf der Insel liegt.

Manchmal kam deine Cousine mit die gern nahe am Wasser entlanglief.

Du mochtest den warmen Sand den du unter deinen Füßen fühltest.

2 a Lies die folgenden Satzpaare.

b Unterstreiche jeweils im ersten Satz das Wort, auf das sich der zweite Satz bezieht.

c Verbinde die beiden Sätze zu einem Satzgefüge.
Wandle dazu den zweiten Satz in einen Relativsatz um.

d Schreibe das Satzgefüge auf. Denke an das Komma.

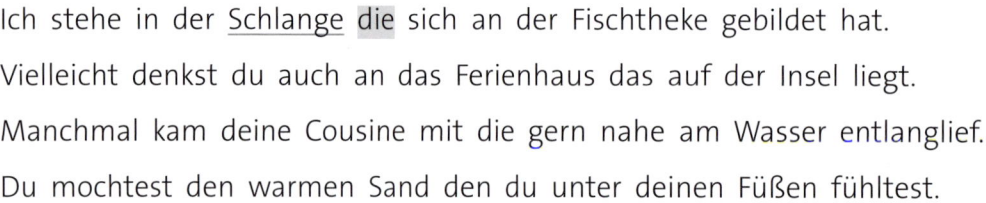

Einmal fandest du ein Stück <u>Fischernetz</u>. Es war sehr alt.

Auf den Fensterbänken eures Ferienhauses stehen viele Schiffe. Die Schiffe

hast du mit deiner Familie gebastelt.

Ich zeige einfach auf einen Fisch. Er sieht aus wie ein Tiefseemonster.

Ich bleibe am Kanal stehen. Er ist ein trüber Wasserstreifen.

<u>Einmal fandest du ein Stück Fischernetz, das sehr alt war.</u>

Information   **Der Relativsatz**

- **Relativsätze sind Nebensätze,** die sich auf ein Wort im Hauptsatz beziehen. Sie werden **durch Relativpronomen eingeleitet,** z. B.: *der, die, das, welcher, welche, welches.*
- Relativsätze werden **durch Komma** vom Hauptsatz abgetrennt, z. B.: *Der Wanderer,* **der** *sich verlaufen hatte, sendete einen Hilferuf.*

Teste dich!

1 a Lies die Aussagen über Kurzgeschichten.

b Kreise die Buchstaben vor den richtigen Aussagen ein.

	Viele Kurzgeschichten
ZUER	erzählen von Alltagssituationen.
KU	erzählen eine fantastische Begebenheit.
	In Kurzgeschichten wird hauptsächlich etwas
RZGE	über die Umgebung erzählt, in der die Geschichte spielt.
STDE	über den Charakter einer Figur erzählt.
	Als Wendepunkt einer Kurzgeschichte bezeichnet man,
SICH	wenn die Hauptfigur ihre Meinung plötzlich ändert.
LIMM	wenn die Geschichte sich zum Schlechten wendet.
NLIN	wenn sich die Geschichte so verändert, wie man es nicht vermutet.
	Das Leitmotiv einer Kurzgeschichte ist
TEN	eine Handlung, die durch die ganze Geschichte leitet.
KEN	eine Aussage, ein Ort, ein Gegenstand oder eine Farbe, die im Text immer wieder vorkommt.

2 Trage die eingekreisten Buchstaben aus Aufgabe 1 ein.
Sie ergeben den Titel einer Kurzgeschichte.

3 Lies den Ausschnitt aus der Kurzgeschichte „Schiffe".
Ergänze die Satzzeichen der wörtlichen Rede.

Wie geht es dir frage ich. Mir fällt nichts Besseres ein.

Oh, ganz gut. Du lächelst. Ich weiß nicht, ob es Glück ist oder etwas anderes.

Ich bin jetzt seit einem halben Jahr mit meinem Freund Jörg zusammen.

Schön für dich sage ich.

Und bei dir so fragst du. Die Antwort bleibt mir erspart.

Ja, bitte fragt mich die Verkäuferin hinter der Fischtheke.

7 „... lass sie deine Stimme hören"

Ein politisches Lied untersuchen

1 Lies den Auszug aus dem Song „Deine Schuld".

Die Ärzte

Deine Schuld (Songtext 2004)

Hast du dich heute schon geärgert, war es heute wieder schlimm

Hast du dich wieder gefragt, warum kein Mensch was unternimmt

Du musst nichts akzeptieren*, was dir überhaupt nicht passt

Wenn du deinen Kopf nicht nur zum Tragen einer Mütze hast

* **akzeptieren:** hinnehmen

5 Es ist nicht deine Schuld, dass die Welt ist, wie sie ist

Es wär nur deine Schuld, wenn sie so bleibt [...]

Nein geh mal wieder auf die Straße, geh mal wieder demonstrieren

Denn wer nicht mehr versucht zu kämpfen, kann nur verlieren

Die, die dich verarschen, die hast du selbst gewählt

10 Darum lass sie deine Stimme hören, weil jede Stimme zählt [...]

2 Wozu wird in dem Song aufgerufen? Kreuze an.

☐ Du sollst nicht für etwas kämpfen, weil du sowieso nichts ändern kannst.

☐ Du sollst gemeinsam mit anderen laut und deutlich zeigen, was dir nicht passt.

3 Worüber ärgerst du dich?
Schreibe auf, was du gern in der Gesellschaft verändern würdest.

Ich ärgere mich darüber, dass _____

_____

_____

Tiere quälen •

Krieg •

Menschen wegen Hautfarbe schlecht behandeln

4 Schreibe den Refrain des Liedes um. Setze das Thema ein, das für dich wichtig ist.

Es ist nicht deine Schuld, dass _____

Es wär nur deine Schuld, wenn das so bleibt [...]

5 Der Song ist ein politisches Lied. An welchen Wörtern merkst du das? Unterstreiche sie.
Tipp: Achte besonders auf die zweite Strophe.

Nachrichten in Verse übersetzen

1 Lies die folgende Zeitungsmeldung.

Demonstration für mehr Lohn

Etwa 15 000 Erzieherinnen und Erzieher haben vor dem Rathaus für höhere Löhne demonstriert.
Seit mehreren Wochen sind viele Kindertagesstätten (Kitas) geschlossen, weil die Erzieherinnen
und Erzieher streiken.

2 Lies nun das Gedicht von Moritz Neumeier im Deutschbuch S. 136.

3 Vergleiche den Inhalt der Zeitungsmeldung mit dem Inhalt des Gedichts.
Worum geht es in beiden Texten? Kreuze an.

☐ In beiden Texten geht es darum, dass Erzieher zu wenig Geld bekommen.

☐ In beiden Texten geht es darum, dass Erzieher streiken.

4 Welche drei Berufe kommen in dem Gedicht vor? Ergänze die Sätze.

In der ersten Strophe steht, man bekommt viel Geld, wenn man in der Wirtschaft arbeitet.

In der zweiten Strophe steht, man bekommt _____ ,

wenn man als _____ arbeitet.

In der dritten Strophe steht, man _____ ,

wenn man _____ .

5 Untersuche die Form des Gedichts. Ergänze die Sätze.

Die drei Strophen sind gleich _____ . Alle Strophen beginnen

mit „Da _____ ". In jeder Strophe _____ jemand

nach etwas und _____ dann laut.

ist einer/eine ·
brüllt ·
aufgebaut ·
greift

6 Im Gegensatz zu der Zeitungsmeldung enthält das Gedicht eine Meinung.
Was macht Moritz Neumeier in seinem Gedicht deutlich? Ergänze die Satzanfänge.

Moritz Neumeier vergleicht die hohe Bezahlung in der Wirtschaft und im _____

_____ .

Das findet er _____ .

Nachrichten in Verse übersetzen – Poetry-Slam

1 Trage das Gedicht von Moritz Neumeier im Deutschbuch S. 136 vor.

a Schreibe das Gedicht ab und unterstreiche die Wörter, die du besonders betonen möchtest.

b Markiere Stellen, an denen du leiser oder lauter, langsamer oder schneller sprechen willst.

c Übe, das Gedicht fehlerfrei vorzulesen.
Tipp: Du kannst das Gedicht auch auswendig vortragen oder rappen.

2 a Zu welchem Thema oder zu welcher Ungerechtigkeit würdest du ein Gedicht schreiben?

_____

b Suche in Zeitungen, Zeitschriften oder im Internet nach Meldungen, aus denen du ein Gedicht machen kannst. Schreibe die Überschriften auf.

_____

_____

Entwirf ein Plakat. Wähle dazu Aufgabe 3 oder 4.
Lies zuerst den Informationskasten unten.

3 Entwirf ein Plakat zu deinem Thema aus Aufgabe 2.
Du kannst dafür Schlagzeilen aus dem Internet ausdrucken oder eigene Schlagzeilen entwerfen.
Du kannst die Schlagzeilen selbst gestalten oder aus Zeitungen und Zeitschriften ausschneiden und aufkleben. Verwende Wörter, Sätze, Überschriften und ein oder zwei aussagekräftige Fotos.

4 Entwerft ein Werbeplakat für einen Poetry-Slam. Beachtet die folgenden Punkte:
– Die Überschrift „Poetry-Slam" soll sofort auffallen. Ihr könnt sie zeichnen oder am Computer entwerfen und ausdrucken.
– Um welche Themen geht es in eurem Poetry-Slam? Sammelt die Themen aus Aufgabe 2.
– Markiert besonders interessante Themen. Sucht zu diesen Themen Bilder und Schlagzeilen in Zeitungen, Zeitschriften oder im Internet. Ihr könnt auch selbst Bilder und Schlagzeilen gestalten.
– Ordnet die Bilder und Schlagzeilen so an, wie es euch am besten gefällt. Vergesst nicht, den Ort und die Uhrzeit für den Poetry-Slam auf dem Plakat anzugeben.

Information	**Poetry-Slam**

Ein **Poetry-Slam** (engl. _to slam:_ zuknallen, schlagen) ist ein Wettstreit zwischen Dichterinnen und Dichtern, die ihre eigenen Texte einem Publikum vortragen.
■ Bei dem Wettstreit gelten normalerweise die folgenden **Regeln:**
  – Die Slam-Poeten können ihre **eigenen Texte** vorlesen, auswendig vortragen, performen oder rappen, jedoch **ohne Einsatz von Musik, Kostümen** oder **Requisiten.**
  – Alle bekommen für ihren Vortrag **dieselbe Zeit,** z. B. fünf Minuten.
■ Das **Publikum oder eine Jury bewertet** den Vortrag, z. B. mit Stimmkarten.
Mögliche **Bewertungskriterien** sind Inhalt, Sprache, Vortragsweise und Körpersprache.

Teste dich!

1 Lies das Gedicht.

Jörn Pfennig

Freiheit (2011)

Eines Tages zog es sie plötzlich

unwiderstehlich in die Freiheit

irgendwohin, vielleicht ans Meer.

Sie packte die Dinge

5　die man auch in der Freiheit braucht

und ging mit hastigen Schritten

aus dem Haus –

Als sie die Straßenbahn verpasste

kehrte sie um.

2 **a** Welche Aussagen treffen auf das Gedicht zu?
Kreise den oder die Buchstaben vor den zutreffenden Aussagen ein.

G	Die Figur im Gedicht möchte scheinbar frei sein. Aus Bequemlichkeit entscheidet sie sich dann aber doch gegen die Freiheit.
P	Die Figur im Gedicht tut alles, um frei zu sein.
A	In dem Gedicht gibt es zwei Kreuzreime.
ED	Das Gedicht reimt sich nicht.
UL	Das Gedicht besteht aus acht Versen.
IC	Die Figur in dem Gedicht handelt spontan und unüberlegt.
ET	Die Freiheit wird in dem Gedicht mit einem Traum verglichen.
HT	Bei der kleinsten Schwierigkeit gibt die Figur ihren Wunsch nach Freiheit auf.
RT	In dem Gedicht steht, dass Freiheit überall ist.

b Trage die eingekreisten Buchstaben ein.
Sie ergeben ein Lösungswort.
Achtung: Schreibe in jedes Kästchen nur einen Buchstaben.

Einen Songtext über das Unrecht heute verstehen (1)

1 Lies den Text des Songs „Operation Art. 3" von Advanced Chemistry (1995) im Deutschbuch S.138.

2 **a** Lies die folgenden Wörter aus dem Songtext mit ihren Erklärungen.

kundgeben: mitteilen	Zeile: _____
diskriminieren: schlecht behandeln	Zeile: _____
Immigrant: Einwanderer	Zeile: _____
Steuerlast: die Menge des Geldes, das jemand an den Staat zahlt	Zeile: _____

b Finde die Wörter in dem Songtext im Deutschbuch S.138.
Schreibe für jedes Wort auf, in welcher Zeile des Songtextes du es gefunden hast.

3 **a** Lies noch einmal die Zeilen 6 bis 22 in dem Songtext.

b Um welche Ungerechtigkeiten geht es darin?
Schreibe sie auf.

Als Ausländer ist man in einer schlechten Situation: Man darf nicht an Wahlen teilnehmen,

man bekommt _____

_____ , man muss Steuern _____ ,

obwohl man _____

_____

_____

_____

4 Welche Ungerechtigkeit ist dir schon einmal passiert? Schreibe es auf.
Du kannst auch ein Bild dazu zeichnen.

_____

_____

_____

_____

Einen Songtext über das Unrecht heute verstehen (2)

Stell dir vor, 50 Jahre später gibt es die Zustände aus dem Songtext nicht mehr.
Du blickst zurück und willst berichten, wie es früher einmal war.

1 Schreibe die Zeilen 14 bis 22 aus dem Songtext im Deutschbuch S. 138 im Präteritum auf.

Nichts zu machen, einen deutschen Pass kriegtest du

_____

_____

_____

_____

_____

_____

_____

_____

_____

2 Lies Artikel 3 aus dem Grundgesetz.

> ## Grundgesetz für die Bundesrepublik Deutschland, Artikel 3
>
> (1) Alle Menschen sind vor dem Gesetz gleich.
>
> (2) Männer und Frauen sind gleichberechtigt. Der Staat fördert die tatsächliche Durchsetzung der Gleichberechtigung von Frauen und Männern und wirkt auf die Beseitigung bestehender Nachteile hin.
>
> (3) Niemand darf wegen seines Geschlechtes, seiner Abstammung, seiner Rasse, seiner Sprache, seiner Heimat und Herkunft, seines Glaubens, seiner religiösen oder politischen Anschauungen benachteiligt oder bevorzugt werden. Niemand darf wegen seiner Behinderung benachteiligt werden.

3 Welche Stelle findest du besonders wichtig?
Markiere sie.

8 „Mutter Courage und ihre Kinder"

Das Drama kennen lernen (1)

1 Lies die Inhaltsangabe des Dramas „Mutter Courage".

Das Drama „Mutter Courage und ihre Kinder"
wurde von Bertolt Brecht von 1938 bis 1939 in
Schweden verfasst. 1941 wurde es in der Schweiz,
in Zürich, zum ersten Mal aufgeführt. Es erzählt

5 die Geschichte einer Händlerin, die im Krieg
gute Geschäfte macht. Sie verliert durch den Krieg
aber auch ihre drei Kinder.
Die Handlung spielt während des Dreißigjährigen
Krieges (1618–1648) in Nord- und Mitteleuropa.

„Mutter Courage und ihre Kinder" am Deutschen Theater in Berlin, 1949

10 Mutter Courage ist die Hauptfigur. Sie heißt
eigentlich Anna Fierling. Sie betreibt einen Kaufmannsladen auf einem Wagen und versorgt
die Soldaten mit Waren des täglichen Gebrauchs. Je nach Kriegslage schließt sie sich mal
den Protestanten und mal den Katholiken an. Zu Beginn des Dramas wird sie von ihren
drei Kindern begleitet. Eilif und Schweizerkas heißen ihre Söhne. Kattrin, ihre Tochter, kann nicht

15 sprechen. Mutter Courage sagt voraus, dass alle ihre Kinder diesen Krieg nicht überleben werden.
Gleich zu Beginn wird ihr Sohn Eilif als Soldat eingezogen. Nach zwei Jahren trifft sie ihn wieder.
Eilif gilt inzwischen als Kriegsheld. Er hat viele Bauern getötet und ihnen das Vieh gestohlen.
Drei Jahre später stirbt Schweizerkas. Er wird während eines Überfalls gefangen genommen.
Als Mutter Courage das Lösegeld nicht rechtzeitig bezahlt, wird er erschossen. Dennoch

20 befürchtet Mutter Courage, dass der Krieg enden könnte. Dann würde sie nämlich
ihre Einnahmequelle als Händlerin verlieren und hätte kein Geld zum Leben mehr.
Einige Jahre später stirbt der Schwedenkönig Gustav Adolf in einer Schlacht. Alle sprechen nun
vom Kriegsende, vom Frieden. Die Mutter Courage gerät jedoch gerade deswegen in Panik.
Sie eilt in die Stadt. Dort will sie ihre Waren schnell verkaufen. Sie befürchtet, dass im Frieden

25 niemand so viel Geld dafür bezahlen wird. Während sie fort ist, wird ihr Sohn Eilif hergebracht.
Er ist gefesselt und wird wegen Raub und Mord hingerichtet. Jetzt, wo alle glauben, dass Frieden
ist, hat er eine Bäuerin getötet und eine Kuh gestohlen.
Weitere zwei Jahre vergehen. Mutter Courage versteckt ihren Wagen und ihre Tochter Kattrin
auf einem Bauernhof. Sie selbst geht in die Stadt, um einzukaufen. Auf dem Bauernhof tauchen

30 Soldaten auf. Der Bauer soll ihnen den Weg in die Stadt verraten, denn sie wollen die Stadt
überfallen. Kattrin versucht, mit einer Trommel auf die Gefahr aufmerksam zu machen.

Das Drama kennen lernen (2)

Die Soldaten erschießen sie. Aber die Einwohner der Stadt sind gewarnt und können

sich verteidigen.

Am nächsten Morgen findet Mutter Courage ihre tote Tochter. Allein zieht sie mit ihrem Wagen

35　dem Soldatenheer hinterher. Sie weiß nichts vom Tod ihres ältesten Sohnes Eilif und hofft

auf ein Wiedersehen mit ihm.

2 **Die Inhaltsangabe des Dramas enthält viele Informationen.**
Notiere Stichworte zu den folgenden Punkten.

Autor und Entstehungszeit: _____

Zeit der Handlung: _____

Ort der Handlung: _____

Figuren: _____

_____

Schicksal der Kinder: _____

3 **Beantworte die folgenden Fragen.**

Ein Sohn der Mutter Courage wurde bereits erschossen. Trotzdem will sie nicht,

dass der Krieg aufhört. Warum?

_____

_____

Für welche Tat gilt Eilif als Kriegsheld?

_____

Für welche Tat wird Eilif hingerichtet?

_____

Warum werden Eilifs Taten so unterschiedlich bewertet?

_____

_____

4 **„Der Krieg sichert Mutter Courage das Überleben." Welche Textstellen bestätigen diese Aussage?**
Markiere die Stellen und schreibe sie in dein Heft.

Eine Dramenszene lesen und verstehen (1)

1 Lies die Inhaltsangabe der Szene „Anwerbung von Soldaten" (Auszug aus Bild 1).

Ein Soldatenanwerber beschwert sich bei einem Feldwebel darüber, dass es schwer sei, neue Soldaten zu finden. Da kommt Mutter Courage auf ihrem Planwagen

5 heran. Der Wagen ist ein rollender Verkaufsladen. Mutter Courage hat ihre drei Kinder dabei. Ihr ältester Sohn Eilif ist ein kräftiger Junge. Der Werber sieht in ihm einen guten Soldaten.

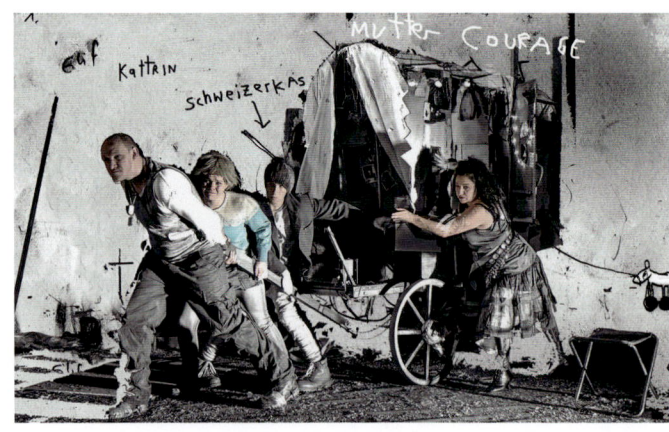

Aufführung des Burgtheaters Wien, 2013

10 **Er preist* Eilifs Körper wie auf einem Viehmarkt.** Er will Eilif unbedingt anwerben. 　***preisen:** loben

Mutter Courage will ihre Kinder nicht verlieren. Deshalb versucht sie, den Werber und den Feldwebel durch ihre Waren abzulenken. Der Werber aber meint, dass der Warenverkauf Frauensache sei. **Nur das Kriegshandwerk bringe Ruhm und Gewinn. Er will Eilif auch mit einer schönen Uniform locken, damit dieser mitkommt.**

15 Mutter Courage zieht daraufhin ein Messer. Sie droht, den Werber und den Feldwebel niederzustechen, wenn sie versuchen, ihren Sohn zu stehlen. Der Feldwebel fordert die Mutter auf, das Messer wegzulegen. Er macht ihr zum Vorwurf, dass sie doch vom Krieg lebe. Er fragt sie, wie es ohne Soldaten einen Krieg geben könne. Mit dieser Frage will er Mutter Courage überzeugen. Sie will aber nicht, dass ihre Söhne Soldaten werden.

20 Der Werber sagt, er sei schon seit seinem 17. Lebensjahr Soldat und es bekomme ihm nicht schlecht. Da erwidert Mutter Courage, er sehe aus wie eine Leiche auf Urlaub. So sagt sie ihm den Tod voraus. Und ihr jüngerer Sohn Schweizerkas erklärt, dass seine Mutter eine Hellseherin sei und die Zukunft voraussehen könne.

2 Wie versucht der Werber, Eilif als Soldaten anzuwerben?
Tipp: Achte auf die hervorgehobenen Textstellen.

_____

_____

_____

_____

Eine Dramenszene lesen und verstehen (2)

1 In der Inhaltsangabe auf S. 80 steht, dass der Werber in Eilif einen guten Soldaten sieht:
„Er preist Eilifs Körper wie auf einem Viehmarkt."

a Lies im Auszug aus Bild 1 im Deutschbuch auf S. 159 die Zeilen 8 bis 12.

b Mit welchen Worten beschreibt der Werber dort Eilifs Aussehen? Schreibe auf.

_____

2 Mutter Courage sagt dem Werber den Tod voraus. Wie macht sie das?
Markiere die Textstelle in der Inhaltsangabe auf S. 80.

3 a Finde die folgenden Sätze in der Inhaltsangabe und unterstreiche sie.

b Nummeriere sie dann in der richtigen Reihenfolge.

☐ Mutter Courage zieht daraufhin ein Messer.

☐ Da kommt Mutter Courage auf ihrem Planwagen heran. Der Wagen ist ein rollender
Verkaufsladen. Mutter Courage hat ihre drei Kinder dabei.

☐ Da erwidert Mutter Courage, er sehe aus wie eine Leiche auf Urlaub. So sagt sie ihm
den Tod voraus.

☐ Mutter Courage will ihre Kinder nicht verlieren. Deshalb versucht sie, den Werber und
den Feldwebel durch ihre Waren abzulenken.

☐ Ein Soldatenanwerber beschwert sich bei einem Feldwebel darüber, dass es schwer sei,
neue Soldaten zu finden.

4 Schreibe Sätze aus der Inhaltsangabe von der indirekten Rede in die direkte Rede um.
Die Zeilenangaben helfen dir dabei.

Der Soldatenanwerber beschwert sich beim Feldwebel: _„Es ist schwer,_____

_neue Soldaten zu finden."_____ (Zeilen 1–3)

Der Werber meint: _____

_____ (Zeilen 12–13)

Der Feldwebel wirft ihr vor: _____ (Zeile 17)

Er fragt sie: _____ (Zeilen 17–18)

Der Werber sagt: _____

_____ (Zeilen 20–21)

Schweizerkas erklärt: _____

_____ (Zeilen 22–23)

Eine Dramenszene erschließen (1)

1 Lies die Inhaltsangabe der Szene „Im zerstörten Dorf" (Auszug aus Bild 5).

Die Katholiken haben Magdeburg erobert. Überall wird der Sieg gefeiert. Mutter Courage

hat ihren Wagen in einem zerstörten Dorf stehen. Mit ihrer Tochter Kattrin bedient sie

zwei Soldaten, die Schnaps trinken wollen. Da stellt sich heraus,

dass einer der Soldaten nicht zahlen kann, weil er zu spät zur Plünderung*

5 gekommen ist. Sein Befehlshaber, der Feldhauptmann, hat die Plünderung

von Magdeburg nur für eine Stunde erlaubt. Der Soldat fühlt sich

vom Feldhauptmann betrogen. Er vermutet, dass die Stadt dem Feldhauptmann

etwas gezahlt hat, damit er sie verschont. Dafür hat die Mutter Courage kein Verständnis.

Sie sagt nur, dass es ohne Geld keinen Schnaps gebe.

10 Da kommt der Feldprediger angelaufen und berichtet, dass im Hof noch verwundete Menschen

liegen. Es handelt sich um die Bauernfamilie. Der Prediger braucht Hilfe und vor allem Stoff, um

die Wunden der Verletzten zu verbinden. Er weiß, dass die Mutter Courage auch Leinenstoff in

ihrem Planwagen hat, z. B. Hemden für die Offiziere. Kattrin will das Leinen aus dem Wagen holen.

Ihre Mutter versperrt ihr jedoch den Weg. Weil die Verwundeten ihr kein Geld zahlen können, will

15 Mutter Courage ihre Ware nicht hergeben. Die Bauersleute sind nicht bereit gewesen, ihren Hof

rechtzeitig zu verlassen. Für Mutter Courage ist das der Grund, warum die Bauern nun verwundet

sind. Und sie sieht nicht ein, dass sie für die Bauern ihren wertvollen Stoff spenden soll.

> *die Plünderung:
> der gewaltsame
> Diebstahl
> von fremdem
> Eigentum

2 **a** Verbinde die Satzanfänge mit den richtigen Satzenden.

b Kreise die Buchstaben hinter den richtigen Satzenden ein.

Satzanfänge
Der Soldat hat kein Geld, weil er
Der Feldprediger braucht dringend
Mutter Courage soll den Verwundeten
Kattrin möchte

Satzenden	
die eroberte Stadt nicht ausrauben konnte.	**GE**
von seinem Hauptmann ausgeraubt wurde.	**BE**
Schnaps von Mutter Courage.	**LA**
Verbandszeug für die Verwundeten.	**WI**
ihre Leinenhemden überlassen.	**SS**
ihren Wagen überlassen.	**GE**
ihrer Mutter gehorchen.	**ER**
dem Prediger mit den Verwundeten helfen.	**EN**

c Trage die eingekreisten Buchstaben ein. Sie ergeben ein Lösungswort.
Achtung: Schreibe in jedes Kästchen nur einen Buchstaben.

Eine Dramenszene erschließen (2)

1 a Lies im Auszug aus Bild 5 im Deutschbuch auf S. 165 die Zeilen 20 bis 31.

    b Beantworte die folgenden Fragen.

Was versucht Kattrin?

Kattrin ist aufgeregt. Sie versucht, _____

_____

Wie reagiert Kattrins Mutter?

_____

_____

_____

2 Warum will Mutter Courage den verwundeten Bauern nicht helfen?
Tipp: Lies noch einmal die Zeilen 10 bis 17 der Inhaltsangabe auf S. 82.

_____

_____

_____

3 Was könnte Kattrin bei diesem Erlebnis denken?

    a Lies die Gedanken.

    b Markiere die Gedanken, die du passend findest.

Natürlich wollten die Bauern ihren Hof nicht verlassen, schließlich ist er ihre Lebensgrundlage.

Verletzten Menschen muss man doch helfen!

Wenn ich sprechen könnte, würde ich Mutter schon überreden, den Leuten zu helfen.

Mutter hat Recht. Wir brauchen unser Leinen selbst.

Wie kann Mutter nur so hartherzig sein? Denkt sie denn immer bloß an Geld?

4 Was denkst du über das Verhalten von Mutter Courage? Schreibe deine Meinung in dein Heft.

9 Gestylte Körper

Das Thema kennen lernen

1 Es gibt verschiedene Arten, wie man seinen Körper stylen kann.

a Sieh dir das Bild genau an.

b Schreibe passende Stichworte aus dem Kasten auf die Linien.

> Lippenpiercings · rasierte Kopfhaut · gezupfte, schwarz gefärbte Augenbrauen ·
> Dreadlocks · blau gefärbte Haare · Nasenpiercing · Ohrring ·
> schwarz geschminkte Augenwinkel · Tattoo · Ohrpiercings · Tunnel

2 Wie kann man sich und seinen Körper noch stylen?
Schreibe Stichworte auf.

_____

_____

_____

Einen Sachtext und eine Grafik verstehen (1)

1 Lies den gekürzten Sachtext.

Maria Timtschenko

Jugendliche im Fitnessstudio: Ich pumpe, also bin ich (2013)

Simon, Samim und Tamim schwitzen fast täglich im Fitnessstudio. Sie wollen „den Körper ausdefinieren", sagen sie. Sie haben einen strengen Ernährungsplan. Ist das noch Hobby und Sport oder ungesunder Körperwahn?

Etwa 900 000 Jugendliche unter 20 Jahren gehen regelmäßig in deutsche Kraftstudios.

Sie wollen schön, muskulös und fit sein.

Es sei viel Aufwand, sagt Simon, ein 15-jähriger Schüler aus Hamburg. Sechsmal pro Woche

trainiere er nach der Schule. Er wolle Muskeln aufbauen und Fett abbauen. Die 16-jährigen

5 Zwillinge Samim und Tamim wollen das Gleiche. Sie sagen, man könne beim Krafttraining

super abschalten, fit bleiben und dabei noch gut aussehen.

Michael Sauer sieht in der Begeisterung für den Sport auch eine Gefahr. Sauer ist ein Experte

für Doping. Er hat 400 Jugendliche befragt. Jeder zweite Jugendliche legte Wert auf Fitness und

Gesundheit. Aber fast die Hälfte der Jugendlichen wollte auch mehr über Anabolika erfahren.

10 Hier sieht Sauer die Gefahr: Viele Jugendliche würden sich ihr Wissen über Muskelaufbau von

Freunden, aus dem Internet oder von Leuten aus dem Fitnessstudio holen. Das ist ein Problem,

denn niemand weiß, wozu den Jugendlichen geraten wird.

Fitnessbegeisterte Jugendliche verbringen viel Zeit im Studio oder mit der Zubereitung von Essen.

Sie haben häufig nur noch Kontakt zu Personen mit gleichen Interessen. Auch das sei eine Gefahr,

15 erklärt Mischa Kläber vom Deutschen Olympischen Sportbund. Er warnt die Jugendlichen davor,

zu sehr an das eigene Aussehen zu denken. Kläber meint, das mache blind für alles andere.

2 Was bedeuten die beiden Begriffe, die im Text hervorgehoben sind?
Schlage in einem Wörterbuch nach oder informiere dich im Internet.
Schreibe die Begriffe und die Erklärungen auf.

_____

_____

_____

3 Wie hältst du dich körperlich fit? Schreibe einen vollständigen Satz auf.

_____

_____

Einen Sachtext und eine Grafik verstehen (2)

1 Lies die unterstrichenen Sätze im Text auf S. 85. Sie stehen in der indirekten Rede. Formuliere sie in die direkte Rede um und schreibe sie auf.

„Es ist viel Aufwand", sagt _____

_____

_____

_____

ist ·
· macht
trainiere ·
· ist
will ·
kann ·

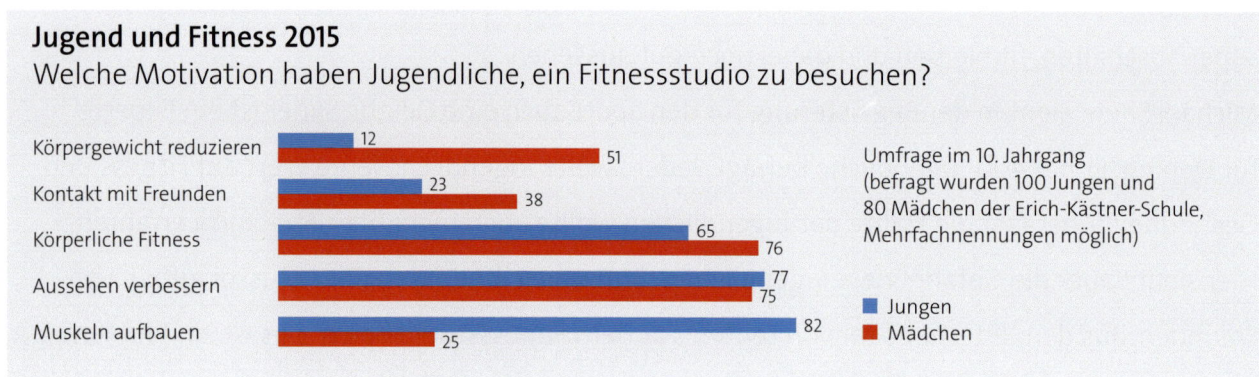

Jugend und Fitness 2015
Welche Motivation haben Jugendliche, ein Fitnessstudio zu besuchen?

Körpergewicht reduzieren — 12 / 51
Kontakt mit Freunden — 23 / 38
Körperliche Fitness — 65 / 76
Aussehen verbessern — 77 / 75
Muskeln aufbauen — 82 / 25

Umfrage im 10. Jahrgang
(befragt wurden 100 Jungen und
80 Mädchen der Erich-Kästner-Schule,
Mehrfachnennungen möglich)

■ Jungen
■ Mädchen

2 **a** Sieh dir die Grafik genau an.

b Kreuze die zutreffenden Aussagen an.

☐ **A** Die meisten Mädchen wollen im Fitnessstudio Muskeln aufbauen.

☐ **B** Mehr als 50 Mädchen möchten ihr Gewicht verringern.

☐ **C** Es wollen mehr Jungen als Mädchen fit sein.

☐ **D** 38 Mädchen wollen etwas mit Freunden unternehmen, aber nur 23 Jungen.

☐ **E** Es wollen mehr Jungen als Mädchen ihr Aussehen verbessern.

☐ **F** Es wollen mehr Jungen als Mädchen ihr Gewicht verringern.

c Berichtige die falschen Aussagen. Schreibe sie richtig auf.

_____

_____

_____

Einen Sachtext verstehen – Den Aufbau untersuchen (1)

1 Lies den Sachtext.

Auf immer miteinander verbunden (2013)

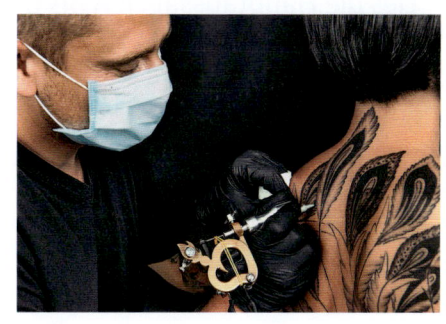

1 Tattoos sind trendy, können Nebenwirkungen haben und halten vor allem ein Leben lang. Der Gesetzgeber bezeichnet das Tätowieren als „mutwillige Körperverletzung". Die Meinungen zu den Körperbildern gehen weit auseinander.

5 **2** Für viele Jugendliche haben Tattoos mehrere Bedeutungen: Einerseits geht es darum, den eigenen Körper zu gestalten. Andererseits kann man mit einem Tattoo deutlich machen, dass man anders ist als seine Eltern. Und man bestimmt selbst über seinen Körper. Der Schüler Ben G. hat eine tätowierte Sonne auf dem Rücken. Sie wurde von einem Freund gezeichnet, deshalb ist sie für Ben eine schöne Erinnerung. Sie stellt für ihn das Glück dar. Tattoos können 10 den Träger oder die Trägerin also an eine bestimmte Zeit oder an eine Person erinnern.

3 Aber ist das mit dem Tätowieren wirklich so einfach? Der Gesetzgeber spricht von „Körperverletzung", denn die Haut wird dabei verletzt. Und in einer Ärztezeitung steht, dass nach dem Tätowieren Krankheiten wie Aids oder Tetanus auftreten können. Es besteht auch die Gefahr, dass gefährliche Reaktionen im Körper ausgelöst werden. Denn die Tätowierfarbe 15 ist ein Fremdkörper und das Immunsystem wehrt sich dagegen. Außerdem kann die Farbe gefährliche Stoffe enthalten.

4 Wer sich für ein Tattoo entscheidet, sollte sich mehrere Dinge genau überlegen:
– An welcher Stelle des Körpers will ich mich tätowieren lassen? Ein Tattoo ist eine dauerhafte Sache. Der Körper aber verändert sich mit der Zeit. Vielleicht dehnt sich die Haut oder sie 20 wird schlaff und faltig. Sollen andere das Tattoo dann noch sehen können?
– Welches Tattoo möchte ich haben? Man muss sich sicher sein, dass einem das Tattoo auch in 50 Jahren noch gefällt. Deshalb sollte man sich das Motiv sorgfältig aussuchen.
– Wo lasse ich mich tätowieren? Man sollte sich für ein professionelles Tattoostudio entscheiden. Dort ist die Tätowierung zwar teurer. Aber dafür ist das Risiko geringer, 25 dass sie misslingt.

2 Um welches Thema geht es in dem Sachtext? Markiere die richtige Aussage.

A In dem Sachtext geht es um eine Tattoo-Messe in Deutschland.

B Der Sachtext berichtet von den Auswirkungen des Piercings bei Jugendlichen.

C In dem Sachtext geht es um die Vorteile und Nachteile von Tattoos.

D Der Sachtext berichtet vom Trend einer Generation, sich durch Tattoos abzugrenzen.

Einen Sachtext verstehen – Den Aufbau untersuchen (2)

1 Lies die Hauptaussagen A bis D über den Text.
Welche Aussage passt zu welchem Textabschnitt?
Verbinde.

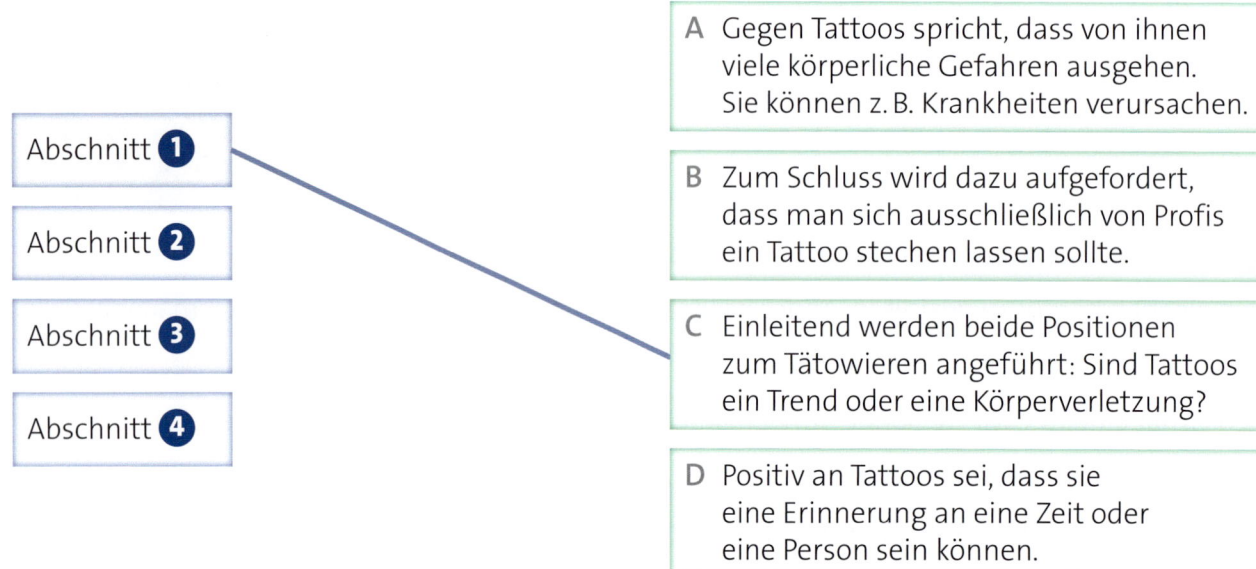

Abschnitt **1**

Abschnitt **2**

Abschnitt **3**

Abschnitt **4**

A Gegen Tattoos spricht, dass von ihnen viele körperliche Gefahren ausgehen. Sie können z. B. Krankheiten verursachen.

B Zum Schluss wird dazu aufgefordert, dass man sich ausschließlich von Profis ein Tattoo stechen lassen sollte.

C Einleitend werden beide Positionen zum Tätowieren angeführt: Sind Tattoos ein Trend oder eine Körperverletzung?

D Positiv an Tattoos sei, dass sie eine Erinnerung an eine Zeit oder eine Person sein können.

2 **a** Überlege: Bist du für oder gegen Tätowierungen?
Ergänze im ersten Satz die Formulierungen, die auf dich zutreffen.

b Vervollständige dann den zweiten Satz.

Ich stimme damit _____ , dass das Tätowieren
überein / nicht überein

viele _____ mit sich bringt.
Vorteile / Nachteile

Ganz besonders möchte ich unterstreichen, dass Tattoos _____

_____

_____

_____

3 Welche Wirkungsabsicht hat der Sachtext?
Was soll mit dem Text erreicht werden?

a Wähle eine mögliche Lösung aus dem Kasten aus.

b Ergänze den Satz.

unterhalten • warnen • beraten • informieren

Der Text soll die Leserinnen und Leser _____ .

Einen Sachtext untersuchen

1   Lies den gekürzten Sachtext.

Barbara Wege

Trendsport Kinderfitness: Gesund oder gefährlich? (2015)

In diesem Fitnessstudio ist alles ein wenig anders. Die Trainingsgeräte sind bunt und kleiner als gewohnt, denn hier trainieren Kinder zwischen sechs und zwölf Jahren. Viele Mädchen und Jungen wollen die Geräte nutzen, um an Kraft zu gewinnen. Sportwissenschaftler sind sich allerdings nicht darüber einig, ob Krafttraining für Kinder gut und sinnvoll ist. Es kann zwar
5   die allgemeine Fitness steigern, aber auch gefährlich werden. Wenn die Kinder beim Trainieren übertreiben, schädigen sie ihre Knochen, Muskeln und ihr Bindegewebe. Deshalb muss das Training genau an den Körper angepasst werden.

Die Auswahl des richtigen Fitnessstudios ist sehr wichtig. Beim Probetraining sollten Eltern ihre Kinder begleiten, raten Experten. Sie sollten darauf achten, ob die Kinder und Jugendlichen
10   von Fachpersonal beobachtet werden. Sonst besteht die Gefahr, dass sie zu schwere Gewichte stemmen, um sich gegenseitig zu beeindrucken. Die größte Gefahr für Kinder sind allerdings ungeschulte Trainer.

2   Worum geht es in dem Sachtext? Kreuze an.

☐ um Fitnessgeräte für Kinder   ☐ um Ratschläge zum Thema Kinderfitness

3   Welche Aussage trifft auf den Sachtext zu? Markiere sie.

A   Im Fitnessstudio trainieren Kinder unter sechs Jahren.

B   Sportwissenschaftler finden Krafttraining für Kinder sinnvoll.

C   Übertriebenes Training kann bei Kindern Muskeln und Knochen schädigen.

D   Kinder sollen sich an den Fitnessgeräten alleine austoben können.

4   Ergänze die Lücken sinnvoll mit Hilfe der Wörter im Kasten.
Tipp: Du musst einige Wörter verändern, damit sie passen.

Fitnessstudios machen es möglich, den Bewegungsmangel im Alltag

_____ . Man kann dort gegen Übergewicht ankämpfen

oder auch seinen Körper durch gezielte _____ formen.

Kinder sollten an _____ allerdings nur von gut ausgebildetem Personal

betreut werden. Am besten wäre ein _____ Trainer.

ausgleichen •
persönlich •
Übung •
Gerät

10 „Die Tribute von Panem"

Einen Romanauszug lesen (1)

1 Lies den gekürzten Auszug 1 des Romans „Die Tribute von Panem: Tödliche Spiele".
Hier lernst du Katniss, die Romanheldin, kennen.

Suzanne Collins

Die Tribute von Panem (2009) – Auszug 1

Als ich aufwache, ist die andere Seite des Bettes kalt. Ich strecke

die Finger aus und suche nach Prims Wärme. Ich finde aber nur

das raue Leinen auf der Matratze. Prim muss schlecht geträumt haben

und zu Mutter geklettert sein. Natürlich. Heute ist der Tag der Ernte.

5 Ich stütze mich auf den Ellenbogen. Das Licht im Schlafzimmer reicht aus,

um die beiden zu sehen. Meine kleine Schwester Prim, Wange an Wange mit Mutter.

Prims Gesicht ist frisch wie ein Regentropfen. Ihr Gesicht ist so lieblich wie die Blume,

nach der sie benannt wurde. Primrose, Primel. [...]

Ich schwinge meine Beine aus dem Bett und schlüpfe in meine Jagdstiefel. Sie sind aus

10 geschmeidigem Leder, das sich meinen Füßen angepasst hat. Ich ziehe die Hose an, ein Hemd

und stopfe meinen langen dunklen Zopf unter eine Mütze. Dann greife ich nach meiner

Provianttasche. Auf dem Tisch unter einer kleinen Holzschüssel liegt ein perfekter

kleiner Ziegenkäse. Den hat Prim mir zum Erntetag geschenkt. Ich stecke den Käse

vorsichtig in meine Provianttasche und schlüpfe hinaus.

15 **Unser Teil von Distrikt 12 in Panem wird der Saum genannt.** Dort wimmelt es um diese Zeit

normalerweise von Kohlearbeitern, die sich auf den Weg zur Frühschicht machen. Männer und

Frauen mit krummen Rücken und geschwollenen Fingerknöcheln. Sie haben es schon

vor langer Zeit aufgegeben, den Kohlenstaub aus ihren brüchigen Nägeln zu schrubben

oder aus den Falten ihrer eingefallenen Gesichter. Doch heute

20 sind die **schwarzen Schlackestraßen*** leer. Die Fensterläden

der **niedrigen grauen Häuser** sind geschlossen. Die Ernte beginnt erst um zwei.

Da darf man ruhig ausschlafen. Wenn man kann.

Unser Haus steht fast am Rand des Saums. Ich muss nur an ein paar Toren vorbei,

um auf das verwahrloste Feld zu gelangen. Weide wird es genannt und ist **durch einen hohen**

25 **Stacheldrahtzaun vom Wald** getrennt. Der Zaun soll **Raubtiere aus dem Wald** abhalten,

wilde Hunde, Pumas und Bären. Im Schutz eines Gebüsches mache ich mich ganz flach und

schlüpfe unter dem Zaun hindurch. Diese Schwachstelle im Zaun befindet sich so nah an

unserem Haus, dass ich sie fast immer benutze, wenn ich in den Wald gehe.

*** die Schlacke:**
Masse, die bei
der Verbrennung
von Steinkohle
zurückbleibt

Einen Romanauszug lesen (2)

Im Schutz der Bäume hole ich einen Bogen und

30 einen Köcher mit Pfeilen aus einem hohlen Stamm.

Innerhalb des Waldes gibt es Nahrung. Man muss

natürlich wissen, wo sie zu finden ist. Mein Vater

wusste es. Und er hat mir einiges beigebracht, bevor

er durch eine Explosion in der Mine in Stücke

35 gerissen wurde. […]

Jennifer Lawrence als Hauptfigur Katniss Everdeen in
„Die Tribute von Panem 1 – Tödliche Spiele", USA 2012

Das Betreten des Waldes ist nicht erlaubt und

Wilderei zieht schwerste Strafen nach sich. Trotzdem würden es mehr Leute wagen,

wenn sie Waffen hätten. Die meisten haben aber nur ein Messer und trauen sich deshalb

nicht in den Wald. Mein Bogen hat Seltenheitswert. Er wurde noch von meinem Vater angefertigt.

40 Seine anderen Bögen habe ich gut verpackt im Wald versteckt. Die meisten Friedenswächter

drücken bei uns wenigen Jägern ein Auge zu*. Denn sie essen gerne

frisches Fleisch und wir verkaufen es ihnen. […]

* **ein Auge zudrücken:**
etwas akzeptieren,
was eigentlich nicht
in Ordnung ist

Man darf nicht laut sagen, was man über Panem denkt und über die Leute,

die **vom Kapitol aus unser Land** regieren. Denn dann **bekommt man viel Ärger.**

45 Also lernte ich, meinen Mund zu halten und ein gleichgültiges Gesicht aufzusetzen. So konnte

niemand meine wahren Gedanken erkennen. In der Schule mache ich still meine Aufgaben.

Auf dem Marktplatz spreche ich nur über Unwichtiges. Auf dem Schwarzmarkt, dem Hob,

verdiene ich das meiste Geld. Dort spreche ich nur über meinen Handel. Und selbst zu Hause rede

ich wenig über **heikle Themen wie die Ernte, die Lebensmittelknappheit oder die Hungerspiele.**

50 Prim könnte es mir ja nachplappern und was sollte dann aus uns werden?

Im **Wald** wartet der einzige Mensch, bei dem ich sein kann, wie ich bin. Gale. Ich spüre,

wie sich mein Gesicht entspannt. Und ich spüre auch, wie ich schneller werde,

während ich die Hügel hinauf zu unserem Ort klettere. Es ist ein Felsvorsprung,

der ein Tal überblickt. Ein Dickicht* aus Beerensträuchern verhindert,

* **das Dickicht:**
dichtes Gebüsch

55 dass man entdeckt wird. Als ich sehe, dass Gale auf mich wartet,

muss ich lächeln. Er sagt, ich lächele niemals, außer im Wald.

2 Macht das Land Panem auf dich eher einen guten oder einen schlechten Eindruck?
Schreibe Stichworte auf.

_____

_____

Den Inhalt des Romanauszugs erschließen

1 Beantworte die Fragen zum Romanauszug 1. Schreibe vollständige Sätze.
Tipp: Die Antworten findest du der Reihe nach im Text.

A Zu welcher Tageszeit beginnt der Roman? _____

_____

B Wie heißt die kleine Schwester? _____

C Es ist ein besonderer Tag. Wie heißt er? _____

D In welchem Distrikt wohnt Katniss? _____

E Welche Tiere soll der Zaun abhalten? _____

_____

F Was holt Katniss aus einem hohlen Stamm? _____

_____

G Was ist mit Katniss' Vater passiert? _____

_____

H Was ist in Distrikt 12 nicht erlaubt? _____

_____

I Warum drücken die Friedenswächter bei den wenigen Jägern ein Auge zu? _____

_____

J Wie heißt der Schwarzmarkt, auf dem Katniss ihre Waren verkauft? _____

_____

K Über welche Themen spricht Katniss lieber nicht? _____

_____

_____

L Wer wartet im Wald auf Katniss? _____

M Wie ist das Versteck im Wald geschützt? _____

_____

Die Schauplätze und die Hauptfigur des Romans untersuchen

1 In dem Romanauszug auf S. 90–91 erfährst du etwas über wichtige Schauplätze der Handlung.
Wie werden diese Schauplätze beschrieben?
Schreibe Stichworte auf.
Tipp: Achte auf die hervorgehobenen Textstellen im Romanauszug.

Haus der Familie

gemeinsames Schlafzimmer für Mutter

und zwei Töchter

Waldgebiet

Distrikt 12

Das Land Panem

2 In dem Romanauszug lernst du die Hauptfigur Katniss kennen.
Welche Eigenschaften hat Katniss?

a Markiere die passenden Eigenschaften im Kasten.

liebevoll · sportlich · ungeschickt · kann gut mit Pfeil und Bogen umgehen ·
kann nicht gut jagen · unsportlich · mutig · verschwiegen · angespannt ·
geschickt · redet viel · ängstlich

b Schreibe vier Sätze über die wichtigsten Eigenschaften von Katniss.
Schreibe in dein Heft.

Die Zeitgestaltung im Roman untersuchen (1)

Katniss und Gale verbringen den Vormittag im Wald, wo sie Fische angeln, Gemüse und Beeren sammeln. Sie verkaufen einen Teil ihrer Beute und gehen dann nach Hause. Dort bereiten sie sich mit ihren Familien auf die Veranstaltung der „Ernte" vor, die auf einem öffentlichen Platz abgehalten wird.

1 Lies den gekürzten Auszug 2 des Romans.

Suzanne Collins

Die Tribute von Panem (2009) – Auszug 2

Um ein Uhr machen wir uns auf den Weg zum Platz. [...] Es ist wirklich traurig, dass die Ernte ausgerechnet auf diesem Platz abgehalten wird – einem der wenigen schönen Orte im Distrikt 12. Aber heute herrscht hier eine grimmige Stimmung. Die Kamerateams die wie Bussarde* auf den Dächern hocken verstärken

5　den Eindruck noch. Das Ereignis wird vom Staatsfernsehen live übertragen. Schweigend betreten die Menschen der Reihe nach den Platz. Die Zwölf- bis Achtzehnjährigen werden nach Alter geordnet in einzelne Bereiche eingeteilt: die Ältesten kommen ganz nach vorn, die Jüngeren, wie Prim, kommen nach hinten. Die Angehörigen stellen sich rundherum auf und halten sich fest bei den Händen. [...]

10　Je mehr Leute eintreffen, desto enger wird es. Der Platz der ziemlich groß ist kann trotzdem nicht alle 8 000 Bewohner von Distrikt 12 aufnehmen. Ich stehe in einer Gruppe Sechzehnjähriger aus dem Saum. Wir nicken uns kurz zu. Dann schauen wir zu der Bühne die vor dem Gerichtsgebäude aufgebaut worden ist. Darauf stehen drei Stühle, ein Podest* und zwei große Glaskugeln. Eine Glaskugel

15　ist für die Jungen und eine für die Mädchen. Ich starre auf die Papierzettel die sich in der Mädchenkugel befinden. Auf zwanzig von ihnen steht der Name Katniss Everdeen. [...] Als die Stadtuhr zwei schlägt, betritt der Bürgermeister das Podest. Er beginnt zu lesen. Jedes Jahr das Gleiche. Er erzählt aus der Geschichte von Panem. Panem ist das Land

20　das aus den Trümmern Nordamerikas entstand. Er erzählt von Stürmen, Dürren und einem brutalen Krieg um die wenige restliche Nahrung. Das Ergebnis war Panem. Es brachte seinen Bürgern Frieden und Wohlstand mit seinen dreizehn Distrikten und dem strahlenden Kapitol in der Mitte. Dann kamen die Dunklen Tage. Das war der Aufstand der Distrikte gegen das Kapitol. Zwölf wurden besiegt, der dreizehnte Distrikt

25　ausgelöscht. Es gab neue Gesetze die den Frieden sichern sollten. Und es kamen die Hungerspiele als Strafe für den Aufstand. Die Regeln der Hungerspiele sind einfach. Jeder der zwölf Distrikte muss ein Mädchen und einen Jungen für die Spiele stellen. Das sind die sogenannten Tribute. Diese 24 Tribute werden in eine riesige Freilichtarena eingesperrt. Dabei kann es sich um jede Art von Gelände

30　handeln, von glühender Wüste bis zu eisiger Ödnis. Über mehrere Wochen müssen sich die 24 Tribute bis auf den Tod bekämpfen. Der Tribut der als Letzter übrig bleibt hat gewonnen. [...] Ihn erwartet zu Hause ein sorgloses Leben und sein Distrikt wird ein ganzes Jahr lang mit Lebensmitteln und Leckereien überhäuft, während die anderen gegen den Hunger kämpfen.

35　Die Botschaft ist klar: „Seht, wir nehmen euch eure Kinder und opfern sie und ihr könnt nichts dagegen tun. Und wenn ihr nur den kleinen Finger hebt, werden wir euch bis auf den letzten Mann vernichten. So wie wir es mit Distrikt 13 gemacht haben." Außerdem verlangt das Kapitol, dass wir die Hungerspiele wie ein großes Sportfest feiern. Dadurch ist es für uns besonders erniedrigend. [...]

* der Bussard:
ein Raubvogel

* das Podest:
erhöhte Plattform
für einen Redner

Die Zeitgestaltung im Roman untersuchen (2)

40 Durch die Menge hindurch sehe ich Gale der mich
leicht anlächelt. Ich muss daran denken, dass Gales
Name 42-mal in der Glaskugel zu finden ist. Seine
Chancen stehen im Vergleich mit den meisten
anderen Jungen nicht gut. Und vielleicht denkt er
45 das Gleiche über mich, denn seine Miene
verdüstert sich. „Aber da sind doch noch Tausende
anderer Zettel", möchte ich ihm zuflüstern.
Die Zeit der Ziehung ist gekommen. Effie Trinket ist
die Betreuerin von Distrikt 12 und frisch
50 aus dem Kapitol eingetroffen. Ihr Grinsen ist
zum Fürchten. Sie tritt jetzt mit ihrem blassrosa
Haar und dem grellgrünen Kostüm hervor und sagt,
was sie immer sagt: „Ladys first!" Sie geht hinüber

Liam Hemsworth als Gale in „Die Tribute von Panem 1 –
Tödliche Spiele", USA 2012

zu der Glaskugel mit den Mädchennamen und greift hinein. Sie taucht ihre Hand tief
55 in die Kugel und zieht einen Zettel heraus. Die Menge hält den Atem an. Man könnte
eine Stecknadel fallen hören. Ich fühle mich elend. Ich hoffe so sehr, dass es nicht mein Name ist
der gezogen wird.
Bitte nicht mein Name, nicht mein Name.
Effie Trinket geht zurück zum Podest, streicht den Zettel glatt und verliest mit klarer Stimme
60 den Namen. Es ist nicht mein Name. Es ist Primrose Everdeen.

2 In dem Romanauszug sind neun Satzgefüge mit Relativsätzen unterstrichen.

a Schreibe die Satzgefüge in dein Heft und ergänze die fehlenden Kommas.
Tipp: Bei eingeschobenen Relativsätzen musst du zwei Kommas setzen.

b Markiere die Nomen und Relativpronomen, die zusammengehören.

Beispiel: Dort bereiten sie sich mit ihren Familien auf die Veranstaltung der „Ernte" vor, die
auf einem öffentlichen Platz abgehalten wird.

3 Lies auf S. 94 noch einmal die **Zusammenfassung über dem Romanauszug.**

a Über welchen Zeitraum an dem Vormittag wird darin berichtet? Kreuze an.

☐ ungefähr eine Stunde

☐ ungefähr zwei Stunden

☐ ungefähr fünf Stunden

b Was geschieht in diesem Zeitraum? Schreibe Stichworte auf.

_____

_____

_____

Die Zeitgestaltung im Roman untersuchen (3)

1 Untersuche, welcher Zeitraum in dem **Romanauszug** auf S. 94–95 dargestellt wird.
Was geschieht in diesem Zeitraum? Ergänze die Sätze.
Tipp: Achte auf die hervorgehobenen Zeitangaben im Romanauszug.

Am „Tag der Ernte" geht Katniss mit ihrer Familie um _____ .

Dort wartet die Menge auf den Bürgermeister. Um Punkt _____ betritt er die Bühne

und hält eine lange Rede. Danach findet die Auslosung der Tribute statt. Die _____

aus dem Kapitol greift in _____ .

Sie zieht einen Zettel heraus, auf dem _____ steht.

2 Der Bürgermeister spricht in einer Rückblende von der Vergangenheit von Panem.
Lies in dem Romanauszug noch einmal die Zeilen 19 bis 26.
Beantworte dann die folgenden Fragen in Stichworten.

A Wie lange brauchst du, um den Abschnitt über
die Ereignisse in der Vergangenheit zu lesen?   _____

B Wie lange dauerten dagegen
die Ereignisse der Vergangenheit ungefähr?   _____

3 **a** Lies den Informationskasten unten.

b Ordne die Fragen A und B aus Aufgabe 2 den Begriffen zu.

☐ Erzählzeit   ☐ erzählte Zeit

c Streiche die falsche Aussage durch.

In den Zeilen 19 bis 26 ist die Erzählzeit **länger** als die erzählte Zeit, also liegt eine Zeitdehnung vor.

In den Zeilen 19 bis 26 ist die Erzählzeit **kürzer** als die erzählte Zeit, also liegt eine Zeitraffung vor.

Information   **Zeit und Zeitgestaltung in literarischen Texten**

- Die **Erzählzeit** entspricht der Zeit, die **das Erzählen** der Handlung dauert.
- Die **erzählte Zeit** entspricht der Zeit, die **die Handlung** in der Geschichte dauert.
- Wenn Erzählzeit und erzählte Zeit übereinstimmen, spricht man von **Zeitdeckung.**
- Ist die Erzählzeit länger als die erzählte Zeit, liegt eine **Zeitdehnung** vor
  (z. B. bei inneren Monologen).
- Ist die Erzählzeit kürzer als die erzählte Zeit, liegt eine **Zeitraffung** vor
  (z. B. bei der Darstellung von Abläufen in der Geschichte eines Landes).
- Die **Reihenfolge des Erzählens** kann dem zeitlichen Ablauf des Geschehens folgen
  (chronologisches Erzählen). Sie kann aber auch davon abweichen durch **Rückblenden**
  (Erzählen von vergangenen Ereignissen) oder durch **Vorausblenden** (Vorwegnahme
  von Ereignissen).

Das Verhalten der Figuren untersuchen (1)

1 Lies den gekürzten Auszug 3 des Romans.

Suzanne Collins

Die Tribute von Panem (2009) – Auszug 3

Es muss sich um einen Irrtum handeln.
Das kann nicht wahr sein. Prim war
ein Zettel unter Tausenden!
Die Wahrscheinlichkeit, dass sie gezogen
5 würde, war so gering. Deshalb hatte
ich mir um sie überhaupt keine Sorgen
gemacht. Sie hatte so gute Chancen.
Irgendwo aus der Ferne höre ich
die Menge unglücklich flüstern.
10 Das passiert immer, wenn
eine Zwölfjährige ausgewählt wird.
Denn das findet keiner gerecht.
Plötzlich sehe ich sie. Alles Blut ist
aus ihrem Gesicht gewichen. Sie hat
15 die Hände zu Fäusten geballt. Und

„Die Tribute von Panem 1 – Tödliche Spiele", USA 2012

sie geht mit steifen, kleinen Schritten zur Bühne, an mir vorbei. [...]
„Prim!" Ein erstickter Schrei aus meiner Kehle. „Prim!"
Ich muss mir nicht erst einen Weg durch die Menge bahnen. Die anderen Kinder machen sofort
Platz und räumen einen Durchgang zur Bühne. Als sie die Stufen hochsteigen will, bin ich bei ihr.
20 Mit einer Armbewegung schiebe ich sie hinter mich.
„Ich gehe freiwillig!", keuche ich. „Ich gehe freiwillig als Tribut!" [...]
Hinter mir schreit Prim laut auf. Sie hat ihre dürren Arme wie einen Schraubstock um mich
geschlungen. „Nein, Katniss! Nein! Du darfst nicht gehen!"
„Lass mich los, Prim", sage ich barsch, weil ich sonst die Fassung verlieren würde. Und ich will
25 nicht weinen. Sie werden heute Abend im Fernsehen die Wiederholung der Ernte zeigen.
Dann würden alle meine Tränen sehen und mich für ein leichtes Ziel halten.
Für einen Schwächling. Diese Genugtuung will ich ihnen nicht geben. „Lass mich los!" [...]
„Nun denn, bravo!", sagt Effie Trinket überschwänglich. „Das ist der Geist der Spiele!"
Sie freut sich, dass in ihrem Distrikt jetzt doch endlich mal was los ist. „Wie heißt du?"
30 Ich schlucke schwer. „Katniss Everdeen", sage ich.
„Ich wette, das war deine Schwester. Wolltest dir von ihr nicht
die ganze Schau stehlen lassen*, was? Los, Leute!   *jemandem die Schau stehlen:
Einen Riesenapplaus für unseren neuesten Tribut!",   jemanden vom Mittelpunkt
trällert Effie Trinket.   des Interesses verdrängen
35 Das muss man Distrikt 12 lassen, es klatscht nicht einer. [...] Die Leute
widersprechen auf die einzig mögliche Weise: durch Schweigen. Das heißt so viel wie:
Wir sind nicht einverstanden. Das hier ist ganz falsch.
Dann geschieht etwas Unerwartetes. Zumindest habe ich es nicht erwartet. Denn ich hätte
nie gedacht, dass ich für Distrikt 12 irgendeine Bedeutung habe. Doch etwas hat sich verändert,
40 seit ich Prims Platz eingenommen habe. Jetzt sieht es so aus, als wäre ich auf einmal jemand
Besonderes. Fast jeder in der Menge berührt mit den drei mittleren Fingern der linken Hand
die Lippen und streckt sie mir entgegen. Das ist eine alte und selten benutzte Geste, die Dank und
Bewunderung ausdrückt. Man sieht sie hin und wieder auf Beerdigungen, beim Abschied von
einem geliebten Menschen.

Das Verhalten der Figuren untersuchen (2)

1 Stelle den Handlungsablauf in dem Romanauszug dar.
Ergänze dazu die Satzanfänge in dem Flussdiagramm.

> Prim geht _____
>
> ↓
>
> Katniss ruft sie und _____
>
> ↓
>
> Katniss meldet sich _____
>
> ↓
>
> Effie Trinket _____
>
> ↓
>
> Die Zuschauer auf dem Platz _____

2 Bestimme die Erzählform. Wie wird die Handlung erzählt? Kreuze an.

☐ Er-/Sie-Erzähler　　　☐ Ich-Erzählerin

3 Katniss meldet sich für Prim zu den Spielen. Was denkt Katniss wohl in dem Moment?
Kreuze die zutreffenden Aussagen an.

☐ Prim ist viel zu jung, um die Hungerspiele gewinnen zu können.

☐ Ich will nicht, dass die Leute meine Schwester toller finden als mich.

☐ Ich kann nicht zulassen, dass meine kleine Schwester zu den Spielen muss.

☐ Ich werde die Hungerspiele bestimmt gewinnen.

☐ Ich muss Prim unbedingt beschützen, auch wenn ich selbst dafür sterben muss.

4 **a** Lies noch einmal die Zeilen 32 bis 44.

b Effie Trinket fordert die Bewohner von Distrikt 12 auf, zu klatschen.
Wie verhalten sich die Bewohner? Was wollen sie damit ausdrücken?

_____

_____

Einen Romanauszug lesen und verstehen (1)

Katniss und Peeta, der zweite Tribut aus Distrikt 12, werden ins Kapitol gebracht. Dort bereiten die Stylisten Cinna und Portia die beiden Tribute für die Eröffnungsfeier der Hungerspiele vor. Die Stylisten haben ein besonderes Outfit für Katniss und Peeta entworfen.
Die Tribute fahren paarweise in Streitwagen zum Zentralen Platz. Jeder Streitwagen wird von vier Pferden gezogen. Die Fahrt dauert rund 20 Minuten.

1 Lies den gekürzten Auszug 4 des Romans.

Suzanne Collins

Die Tribute von Panem (2009) – Auszug 4

Als die Eröffnungsmusik erklingt, hört man sie durch das ganze Kapitol dröhnen. An den Straßen drängen sich die Menschen. Am Zentralen Platz werden sie uns empfangen, die Hymne abspielen und uns ins Trainingscenter bringen. <u>Das wird bis zum Beginn der Spiele unser Zuhause und unser Gefängnis sein.</u>

5 Die Tribute aus Distrikt 1 haben schneeweiße Pferde vor ihrem Streitwagen. Die Tribute sehen wunderschön aus. Ihre Körper sind mit silberner Farbe bemalt, ihre Tuniken* mit Juwelen besetzt. **Distrikt 1** stellt Luxuswaren für das Kapitol her. Man hört das Gebrüll der Menge. Distrikt 1 ist immer der Liebling. Distrikt 2 geht in Position, um ihm zu folgen. Dann die anderen Distrikte.

10 Als die Tribute aus Distrikt 11 hinausfahren, kommt **Cinna** mit einer brennenden Fackel zu uns. „Los geht's", sagt er. Und dann setzt er unsere Umhänge in Brand. Ich schnappe nach Luft und warte auf die Hitze. Aber ich spüre nur ein leises Kitzeln. Cinna klettert auf den Wagen und entzündet unsere Kopfbedeckungen. Er seufzt erleichtert. „Es funktioniert. Denkt dran, Kopf hoch. Lächeln. Sie werden euch lieben!" […]

15 Cinna springt vom Wagen. Dann ruft er noch etwas, aber die Musik ist zu laut.
„Was sagt er?", frage ich Peeta. Ich schaue ihn an und sehe, wie die falschen Flammen ihn erstrahlen lassen. Und ich muss genauso aussehen.
„Ich glaube, er hat gesagt, wir sollen uns bei den Händen fassen", sagt Peeta. Er nimmt meine rechte Hand mit seiner linken. Wir schauen zu Cinna. Der nickt und hält den Daumen nach oben.

20 Dann fahren wir los.
Als die Menge uns sieht, erfasst sie zuerst **Panik.** Doch die verwandelt sich rasch in Jubel.
„Distrikt 12!", rufen sie uns zu. Keiner beachtet mehr die anderen Wagen. Als ich uns auf einem großen Bildschirm sehe, bin ich sprachlos. Wir sehen einfach atemberaubend aus. Wir sehen aus, als würden unsere wehenden **Umhänge** eine Schleppe aus Feuer hinter sich herziehen.

25 *Denkt dran, Kopf hoch. Lächeln. Sie werden euch lieben!* **Cinnas Stimme** hallt in meinem Kopf. Ich recke das Kinn ein wenig höher, setze mein schönstes Lächeln auf und winke mit der freien Hand.

* **die Tunika:** ein Kleidungsstück für Männer und Frauen, meistens ohne Ärmel, wurde im alten Rom getragen

Einen Romanauszug lesen und verstehen (2)

Ich werfe der Menge sogar Küsschen zu. Die Leute vom Kapitol rasten total aus. Sie überschütten

uns mit Blumen und rufen unsere Namen.

Die Musik, der Jubel, die Bewunderung gehen mir ins Blut. Cinna hat mir einen großen Vorteil

30 verschafft. Niemand wird mich vergessen. Weder mein Aussehen noch meinen Namen. **Katniss.**

Das Mädchen, das in Flammen stand.

Zum ersten Mal spüre ich etwas Hoffnung in mir aufsteigen. Mit etwas Essen und den richtigen

Waffen könnte ich die Spiele vielleicht gewinnen. [...]

Ich schaue zu Peeta und dann hinunter zu unseren gefassten Händen. Irgendwie ist es nicht

35 richtig, uns als **Team** zu zeigen. Und dann werden wir in eine Arena gesperrt, damit wir uns

gegenseitig umbringen.

2 **a** Lies den unterstrichenen Satz im Romanauszug.

b Warum denkt Katniss wohl so? Schreibe deine Vermutung auf.

_____

_____

3 **a** Lies die Fortsetzung von Auszug 4.

b Ergänze passende Adjektive aus dem Kasten in der richtigen Form.

> leise • reich • laut • weiß • unbekannt • lang • dünn • leuchtend • schmutzig • prächtig

Die zwölf _____ Wagen füllen den Kreisverkehr des Zentralen Platzes.

An den Fenstern der umliegenden Häuser drängen sich die _____ Bürger des Kapitols.

Die Pferde ziehen unseren Wagen genau vor die Residenz*

von Präsident Snow und wir bleiben stehen. Die Musik endet

*die Residenz:
der Wohnsitz eines Staatsoberhauptes oder Fürsten

mit einem _____ Tusch*. Der Präsident ist

*der Tusch:
ein kurzer, kräftiger Ton, meist von mehreren Instrumenten gespielt

ein _____ Mann mit _____ Haar.

Er heißt uns von einem Balkon hoch über uns willkommen. Während seiner _____ Rede

werden eigentlich die Gesichter aller Tribute eingeblendet. Doch ich kann auf den Bildschirmen

sehen, dass sie fast nur unsere **Gesichter** zeigen. Je dunkler es wird, desto schwieriger finden es

die Kameraleute wohl, den Blick von unseren _____ Flammen abzuwenden.

Einen Romanauszug lesen und verstehen (3)

1 Beantworte die folgenden Fragen zum Romanauszug. Schreibe vollständige Sätze.
Tipp: Achte auf die hervorgehobenen Wörter. Du findest sie im Romanauszug wieder.
Sie zeigen dir, in welchem Abschnitt du die Antwort nachlesen kannst.

A Warum ist **Distrikt 1** bisher immer der Liebling der Menge gewesen?

_____

B Die Stylisten haben für Katniss und Peeta ein besonderes Outfit entworfen.

Was macht **Cinna,** bevor sich Wagen 12 in Bewegung setzt?

_____

_____

C Als die Menge Katniss und Peeta auf dem Wagen sieht, haben die Menschen zuerst **Panik.**

Warum?

Die Menschen denken, dass _____

_____

D Wie sehen die **Umhänge** von Katniss und Peeta aus?

_____

E Katniss hört in Gedanken **Cinnas Stimme** in ihrem Kopf. Was sagt sie?

_____

F Musik, Jubel und Bewunderung gehen **Katniss** ins Blut. Sie gibt sich selbst einen Namen.

Welchen?

_____

G Warum findet Katniss es irgendwie nicht richtig, sich mit Peeta im **Team** zu zeigen?

Ein Team bedeutet Gemeinsamkeit, aber Katniss und Peeta müssen _____

_____

H Welche **Gesichter** zeigen die Bildschirme während der Rede hauptsächlich?

_____

_____

2 Zeichne Katniss und Peeta in flammenden Kostümen auf ihrem Wagen.

Teste dich!

1 Kreuze die richtigen Aussagen über den Roman an.

☐ Der Roman ist in der Er-/Sie-Form verfasst. ☐ Der Roman ist in der Ich-Form verfasst.

☐ Der Erzähler ist Peeta. ☐ Die Erzählerin ist Katniss.

☐ Katniss will, dass ihre kleine Schwester an den Hungerspielen teilnimmt.

☐ Katniss will ihre kleine Schwester beschützen.

Katniss verbündet sich mit Rue aus Distrikt 11. Gemeinsam kämpfen sie in der Arena gegen die anderen. Doch Rue gerät in eine Falle. Katniss muss mitansehen, wie Rue von einem Tribut aus Distrikt 1 getötet wird.

2 Lies den gekürzten Auszug 5 des Romans.

Suzanne Collins

Die Tribute von Panem (2009) – Auszug 5

VORSICHT FEHLER!

Aber ich kann den Blick nicht von Rue wenden. **Sie sieht aus wie ein Tierbaby das zusammengerollt in einem Nest liegt.** Ich bringe es nicht über mich, sie einfach so zu verlassen. Sie sieht so wehrlos aus. **Ich hasse nicht den Jungen aus Distrikt 1 der sie getötet hat. Ich hasse das Kapitol das uns allen dies antut. […]**

5 Mir fällt ein, was Peeta damals zu mir gesagt hat: *„Ich wünschte, ich könnte dem Kapitol zeigen, dass sie mich nicht besitzen. Dass ich mehr bin als eine Figur in ihren Spielen."*

[…] Sie sollen sehen, dass Rue mehr war als eine Figur in ihren Spielen.

Im Wald wachsen wilde Blumen. Ihre Blüten haben wunderschöne Formen. Ich pflücke die schönsten Blumen ab und verdecke Rues hässliche Wunde damit. Ich stecke ihr

10 leuchtende Blumen ins Haar. […] Das müssen sie mit ihren Kameras zeigen. Alle werden es sehen und wissen, dass ich das getan habe. „Leb wohl, Rue", flüstere ich.

3 In dem Auszug findest du drei Satzgefüge mit Relativsätzen. Sie sind hervorgehoben.

a Ergänze die Kommas.

b Markiere die Nomen und Relativpronomen, die zusammengehören.

4 Unterstreiche in den Zeilen 8 bis 10 alle Adjektive.

5 Bestimme die Zeitgestaltung in Auszug 5. Ergänze dazu den folgenden Satz.

Die Erzählzeit in dem Auszug ist _____ als die erzählte Zeit,

kürzer / länger

deshalb liegt eine _____ vor.

Zeitraffung / Zeitdehnung

Einen Romanauszug untersuchen

In der Arena kämpfen die Tribute um ihr Überleben. Kameras übertragen das Geschehen im ganzen Land live. Als nur noch sechs Tribute am Leben sind, ändern die Spielmacher die Regeln. Es kann nun auch **zwei** Sieger geben, wenn sie aus demselben Distrikt stammen. Katniss und Peeta werden Verbündete. Sie gewinnen die Spiele. Doch da wird die neue Regel rückgängig gemacht.

1 Lies den gekürzten Auszug 7 des Romans.

Suzanne Collins

Die Tribute von Panem (2009) – Auszug 7

„Ich beglückwünsche die letzten beiden Gegner. Aber es ist doch nur **ein** Sieger erlaubt", sagt Claudius Templesmith über Lautsprecher. „Viel Erfolg."
Es knackt, dann ist Stille. Ungläubig starre ich Peeta an. Sie hatten nie vor, uns beide am Leben zu lassen. Das alles haben sich die Spielmacher ausgedacht, damit die Spiele noch spannender
5 werden. Und wir sind darauf reingefallen. [...]
„Wir wissen beide, dass sie einen Sieger brauchen", sagt Peeta. „Bitte, sei du es. Für mich."
Er fängt davon an, wie sehr er mich liebt, aber ich höre ihm gar nicht mehr zu. [...]
Sie brauchen einen Sieger. Genau. Ohne einen Sieger würde den Spielmachern die ganze Sache um die Ohren fliegen. [...] Wenn Peeta und ich beide sterben würden oder wenn sie glauben
10 würden, wir wollten sterben ...
Ich hole aus meinem Beutel am Gürtel die giftigen Beeren. Peeta schüttelt den Kopf.
„Vertrau mir", flüstere ich ihm zu. Ich schütte ihm ein paar Beeren in die Hand. Dann nehme ich mir auch welche. „Auf drei?"
Peeta beugt sich zu mir und küsst mich einmal, ganz sanft. „Auf drei", sagt er. [...]
15 „Halt sie ihnen hin. Alle sollen sie sehen", sage ich.
Ich strecke meine Hand aus. Die dunklen Beeren glänzen im Sonnenlicht.
Wir beginnen zu zählen. „Eins." Vielleicht irre ich mich. „Zwei." Vielleicht ist es ihnen egal, wenn wir beide sterben. „Drei!" Es ist zu spät, um mich anders zu entscheiden. Ich führe die Hand zum Mund und werfe einen letzten Blick
20 auf die Welt. Die Beeren sind schon zwischen meinen Lippen. Da hören wir plötzlich die Fanfaren*.
Die hektische Stimme von Claudius Templesmith ruft: „Stopp! Stopp! Meine Damen und Herren, die Sieger der 74. Hungerspiele heißen Katniss Everdeen und Peeta Mellark! Hier sind sie ... die Tribute aus Distrikt 12!"
25 Schnell spucke ich die Beeren aus. Peeta zieht mich zum See. Dort spülen wir uns den Mund gründlich aus. Dann fallen wir uns in die Arme. [...]

* die Fanfare:
ein Signal, das von Trompeten gespielt wird

2 Kreuze die richtigen Aussagen über den Inhalt des Romanauszugs an.

- [ ] A Die Spielmacher wollen, dass Katniss und Peeta gegeneinander kämpfen.
- [ ] B Peeta will Katniss überreden, auf den Sieg zu verzichten.
- [ ] C Katniss will den Spielmachern zeigen, dass sie und Peeta nicht nur Spielfiguren sind.
- [ ] D Katniss und Peeta wollen die giftigen Beeren essen, um zu sterben.
- [ ] E Den Spielmachern ist es egal, ob Katniss und Peeta sterben.
- [ ] F Katniss und Peeta besiegen am Ende auch die Spielmacher.

11 Grammatiktraining

Präpositionen bestimmen den Kasus von Nomen

1 Lies die E-Mail.

Sehr geehrte Damen und Herren,

wir sind Schüler der Abschlussklasse der Anne-Frank-Stadtschule. Wir organisieren

für unseren Schulabschluss eine große Feier. Deshalb möchten wir

einen Veranstaltungsraum in Ihrem Haus mieten. Der Raum sollte mit einer großen Bühne

ausgestattet sein. Außerdem möchten wir die Bühne durch einen Vorhang abtrennen können.

Wir würden bei unserer Feier gern auch einen Außenbereich nutzen. Ist das möglich?

Der Termin der Abschlussfeier ist der 19. Juni 2018. Könnten Sie bitte in Ihren Kalender

schauen, ob der Raum dann frei ist? Wir können ohne einen Vertrag keine Einladungen

verschicken. Deshalb bitten wir Sie, schnell zu antworten.

Ansonsten müssten wir uns leider nach einer anderen Möglichkeit umsehen.

Mit freundlichen Grüßen
Das Planungsteam der Abschlussklasse

2 **a** Markiere in der E-Mail die Wortgruppen mit Präpositionen.

b Trage die Wortgruppen mit den Präpositionen dann in die Tabelle ein.
Tipp: Lies dazu den Informationskasten unten.

Präposition mit Akkusativ	Präposition mit Dativ

Information   **Kasus** (Fall) **und Numerus** (Anzahl) **prüfen**

- Jede **Präposition** (Verhältniswort) verlangt einen **bestimmten Kasus** (Fall) für das Nomen
  oder Pronomen, das dazugehört:
  - Den **Akkusativ** fordern *durch, für, gegen, ohne, um,* z. B.: *Ich gehe **durch** den Regen.*
  - Den **Dativ** fordern *aus, außer, bei, mit, nach, seit, von, zu,* z. B.: *Ich gehe **aus** dem Haus.*
- Manche Präpositionen können auch mit **zwei verschiedenen Fällen** stehen, z. B.:
  *in **die** Klasse gehen* (Akkusativ), *in **der** Klasse sitzen* (Dativ).

Der Numerus: Singular oder Plural?

Ronny und Nieke haben noch ein paar Fragen zum Veranstaltungsraum.

1   Lies ihre E-Mail.

> Sehr geehrte Frau Bach,
>
> bezüglich Ihres Angebots haben wir noch ein paar Fragen. Gibt es in dem Raum genügend
> Platz für ein Büfett? Unsere Gruppe und einige Freunde wollen den Raum selbst dekorieren.
> Können die Schulleiterin und der Stufenlehrer den Raum einmal sehen? Zur Erinnerung
> fotografiert ein Profi auf der Abschlussfeier. Gern stellen wir Ihnen die Fotos zur Verfügung.
>
> Mit freundlichen Grüßen
> Ronny und Nieke

2   **a**   Unterstreiche in der E-Mail die Subjekte (Wer oder was?) rot und die Prädikate grün.
      Tipp: Lies dazu den Informationskasten unten.

    b   Schreibe die Subjekte mit den Prädikaten auf.

wir haben, _____

_____

3   **a**   Unterstreiche in den Sätzen das Subjekt (Wer oder was?) rot.

    b   Setze das Prädikat im richtigen Numerus ein.

Die Schüler _____ den Feiersaal selbst.

                   dekorieren

Ein Profi _____ die Erinnerungsbilder.

             fotografieren

Nieke und Ahmet _____ die Begrüßungsrede.

                   halten

Zur Feier _____ alle Schülerinnen, Schüler und Eltern.

            kommen

4   Schreibe die Sätze aus Aufgabe 3 in dein Heft.

Information	**Der Numerus** (die Anzahl) von **Subjekt** und **Prädikat**

Subjekt (Wer oder was?) **und Prädikat** müssen im **Numerus** (Anzahl) **übereinstimmen.**
Besteht das Subjekt aus einer **Reihung mit *und,*** so gilt das in der Regel als **Plural.**
Dann muss **auch das Prädikat im Plural** stehen, z. B.: *Ronny und Nieke **schreiben** eine E-Mail.*

Verben im Aktiv und Passiv unterscheiden (1)

Ronny und Nieke gehen die Liste für die Feier durch: Was muss alles von wem erledigt werden?

1 **a** Lies die Aufgabenliste.

b Schreibe ganze Sätze im Aktiv auf.

c Unterstreiche das Verb.

Aufgabe	Wer?
Speisen zubereiten	Köche
Tische decken	Kellnerinnen
Stühle hinstellen	Kellner

Aufgabe	Wer?
Kerzen anzünden	Kellnerinnen
Musikanlage prüfen	DJ
Gäste empfangen	Nieke und Ronny

<u>Die Köche bereiten die Speisen zu.</u>

_____

_____

_____

_____

2 **a** Schreibe die Sätze aus Aufgabe 1 im Passiv auf.

b Unterstreiche die Personalform des Hilfsverbs *werden* und das Partizip II.
Tipp: Lies dazu den Informationskasten unten.

<u>Die Speisen werden von den Köchen zubereitet.</u>

_____

_____

_____

_____

_____

Information   **Verben im Aktiv und Passiv**

Das Aktiv und das Passiv drücken eine **unterschiedliche Sicht auf ein Geschehen** aus:
- Das **Aktiv betont denjenigen, der** etwas tut oder **handelt,** z.B.:
  Die Köche bereiten die Speisen zu.
- Das **Passiv betont, mit wem oder was etwas geschieht.** Das Passiv wird gebildet aus
  der Personalform des Hilfsverbs *werden* + Partizip II, z.B.: *Die Speisen werden zubereitet.*

Verben im Aktiv und Passiv unterscheiden (2)

1 **a** Lies die Sätze. Sie stehen im Aktiv.

b Wer handelt oder tut etwas? Unterstreiche das Subjekt rot.

c Mit wem oder was geschieht etwas? Unterstreiche es grün.

d Forme die Sätze aus dem Aktiv ins Passiv um.
Tipp: Du musst den Satz umstellen. Sieh dir die Starthilfe genau an.

Der Koch stellt das Menü zusammen.

Das Menü wird von dem Koch zusammengestellt.

Die Kellnerinnen decken die Tische.

_____

Die Floristin gestaltet den Blumenschmuck für die Tische.

_____

Der Lieferant liefert die Getränke.

_____

Das Komitee verteilt die Platzkarten.

_____

Die Garderobenfrauen hängen die Mäntel auf.

_____

Das Putzteam reinigt nach der Feier den Saal.

_____

2 **a** Lies die Sätze. Sie stehen im Passiv.

b Markiere die Personalform des Hilfsverbs und das Partizip II.

c Forme die Sätze aus dem Passiv ins Aktiv um.

Passiv: Viele Späße werden über die Schulzeit von den Schülern gemacht.

Aktiv: Die Schüler machen viele Späße über die Schulzeit.

Die Rede wird von der Schülersprecherin gehalten.

_____

Am Schluss wird der Saal von den Schülern aufgeräumt.

_____

Abwechslungsreich und treffend formulieren (1)

Zu einem guten Ausdruck gehört es, Wiederholungen zu vermeiden.
Dafür kann man Synonyme verwenden, also Wörter mit einer ähnlichen Bedeutung.

1   Trage die folgenden Synonyme passend in die Tabelle ein.

rufen	spazieren	gestalten	laufen	bitten
meinen	erschaffen	auffordern	herstellen	wandern
fragen	schreiten	sprechen	marschieren	erledigen
übernehmen	befehlen	rennen	besprechen	tun

gehen	machen	sagen

2   **a** Lies die Sätze.

     b Markiere jeweils das treffendste Synonym.

     c Schreibe die Sätze mit dem jeweils treffendsten Synonym in dein Heft.

    A Für unsere Feier möchte ich *Ihnen sagen / Sie auffordern / Ihnen befehlen / Sie bitten,*
       uns möglichst schnell ein Angebot zu erstellen.

    B Wenn Sie Rückfragen haben, *reden/sprechen/besprechen/bereden/*
       wir gern noch einmal alle Punkte im Einzelnen durch.

    C Bitte teilen Sie uns so schnell wie möglich mit, welche Aufgaben wir noch
       machen/verteilen/tun/übernehmen sollen.

Abwechslungsreich und treffend formulieren (2)

1 Lies die E-Mail.

> Sehr geehrte Damen und Herren,
>
> gern möchte ich Ihnen noch einige Punkte für unsere Abschlussfeier sagen. Um eine schöne
>
> Abschlussfeier zu machen, müssen wir noch einige Aufgaben machen. Wir sagen zunächst
>
> im Team, was noch zu bedenken ist. Wir müssen überlegen, wer welche Dekoration
>
> machen könnte. Vielleicht könnte auch jemand aus Ihrem Betrieb die Dekoration machen?
>
> Nach unserer Besprechung würde ich Ihnen sagen, welche Fragen noch offen sind.
>
> Es wäre sehr nett, wenn Sie uns dann sagen würden, wann wir uns für weitere Absprachen
>
> treffen können.

2 Unterstreiche in der E-Mail *sagen* und *machen* in verschiedenen Farben.

3 Im Rand findest du Synonyme für *sagen* und *machen*.
Ersetze die Verben im Text durch treffende Synonyme.
Schreibe das Synonym jeweils über das Verb.

4 a Schreibe die E-Mail mit den treffenden Synonymen auf.

b Markiere die Synonyme von *sagen* und von *machen*
in verschiedenen Farben.

> erklären ·
> informieren ·
> mitteilen ·
> besprechen ·
>
> übernehmen ·
> herstellen ·
> gestalten ·
> erledigen

Sätze richtig verknüpfen (1)

1 Lies das Bewerbungsschreiben.

> Sehr geehrte Damen und Herren,
>
> gern möchte ich mich auf den Ausbildungsplatz zum Kaufmann im Einzelhandel bei Ihnen
> bewerben, falls die Stelle noch zu besetzen ist. Ich möchte mich beruflich in diese Richtung
> orientieren, weil ich meinen Vater mit Freude beim Verkauf gebrauchter Sachen unterstütze.
> Mein Interesse für diese Tätigkeit hat sich weiter gesteigert, nachdem ich ein Praktikum
> in einem Supermarkt gemacht habe. Neben meinem Interesse verfüge ich auch über
> passende Qualifikationen, da ich im letzten Zeugnis die Note 2 im Fach Mathematik hatte.
> Es würde mich freuen, wenn Sie mich zu einem Gespräch einladen würden.
> Ich verbleibe mit freundlichen Grüßen, bis ich von Ihnen höre.
> Steffen Bolte

2
a Markiere im Text alle Verknüpfungen.

b Unterstreiche jeweils den Nebensatz.

c Trage die Nebensätze passend ein.

> Achtung: Die Konjunktion **wenn** kann Nebensätze mit Aussagen über die **Zeit** oder eine **Bedingung** einleiten. Also lies genau!

Nebensätze mit Aussagen über …

die Zeit: _____

_____

den Grund: _____

_____

die Bedingung: _____

_____

Information	Sätze richtig verknüpfen

Um einen **Haupt-** oder einen **Nebensatz** mit **passenden Verknüpfungen** einzuleiten, solltest du dir klarmachen, worüber der Satz etwas aussagen soll.
Machst du eine **Aussage über die Zeit**, dann wird der Nebensatz mit den Konjunktionen *als, bevor, bis, nachdem, wenn* eingeleitet.
Bei einer **Aussage über den Grund** wird der Nebensatz mit *weil* oder *da* eingeleitet.
Machst du eine **Aussage über eine Bedingung,** dann wird der Nebensatz mit *wenn, falls* oder *sofern* eingeleitet.

Sätze richtig verknüpfen (2)

1 Lies die Satzpaare.

Ich arbeite gern im Verkauf. Der Umgang mit Menschen macht mir Spaß.

Ich würde gern im Einzelhandel arbeiten.
Ich habe Erfahrungen im Praktikum gesammelt.

Nach meinem Schulabschluss kann ich sofort eine Ausbildung anfangen.
Ich finde eine Ausbildungsstelle.

Nach dem Schulabschluss jobbe ich in einem Supermarkt.
Ich trete meine Ausbildungsstelle an.

In den Ferien mache ich einen Nebenjob. Ich finde eine Betätigung sinnvoll.

Ich bin enttäuscht. Ich bekomme eine Absage.

bis •
nachdem •
weil •
da •
falls •
wenn •
obwohl

2 **a** Verbinde die beiden Sätze jeweils mit einer passenden Verknüpfung
aus dem Kasten am Rand.

b Schreibe den verknüpften Satz auf.

c Kreise die Verknüpfung ein und unterstreiche den Nebensatz.

d Markiere das Prädikat im Nebensatz.

Ich arbeite gern im Verkauf, (weil) mir der Umgang mit Menschen Spaß macht.

_____

_____

_____

_____

_____

_____

_____

_____

Information	**Sätze richtig verknüpfen**

Wenn ein **Nebensatz** mit einer Verknüpfung eingeleitet wird, dann steht das **Prädikat am
Ende,** z. B.: *Ich esse gern Pizza. Der überbackene Käse schmeckt mir.*
Ich esse gern Pizza, weil mir der überbackene Käse schmeckt.

Die indirekte Rede und das Verb im Konjunktiv I

1 **a** Lies die E-Mail.

b Wie machen Ronny und Nieke deutlich, dass es sich um die Aussagen von anderen handelt? Unterstreiche die Verbformen der indirekten Rede.
Tipp: Lies dazu den Informationskasten unten.

c Schreibe die vier Verbformen der indirekten Rede auf die Linie.

Liebe Abschlussklasse,

bald können wir unseren Abschluss feiern. Dafür möchten wir eine Licht- und Tonanlage

mieten. Die Schülerinnen und Schüler des letzten Jahrgangs haben uns allerdings davon

abgeraten. Sie meinten, dass die angebotene Tonanlage für die Größe des Raums

nicht _ausreiche_. Für den Saal _müsse_ es schon eine richtig starke Anlage sein. Sie sagten

aber auch, damit _beschalle_ man dann gleich die ganze Nachbarschaft.

Die andere Abschlussklasse wies darauf hin, dass der Preis für die Anlage verhandelbar _sei_.

Macht euch also Gedanken. Dann stimmen wir auf unserem nächsten Treffen darüber ab!

Viele Grüße, Ronny und Nieke

_____

2 **a** Unterstreiche in der direkten Rede das Verb.

b Formuliere die Sätze in die indirekte Rede mit Konjunktiv I um.
Tipp: Du musst dafür den Satz umstellen.

Ronny sagt: „Eine größere Anlage _ist_ sehr teuer.“

Er sagte, dass _____

Nieke erklärt: „Die Musik muss doch gar nicht so laut sein.“

Sie erklärte, dass _____

Ronny erwidert: „Ohne Anlage geht es aber nicht.“

Ronny erwiderte, dass _____

> sei ·
>
> müsse ·
>
> gehe

Information   **Die indirekte Rede**

Wenn man deutlich ausdrücken möchte, dass **jemand anderes etwas gesagt hat,** dann verwendet man die **indirekte Rede.** Die indirekte Rede steht **nicht in Anführungszeichen.** Das Verb steht im **Konjunktiv I,** z. B.: _Nieke sagt, sie **freue** sich auf die Feier._

Mit der Umstellprobe den Stil verbessern

1 Lies Sofias Bewerbungsschreiben.

> Sehr geehrte Damen und Herren,
>
> ich möchte mich auf Ihre Ausbildungsstelle zur Kraftfahrzeugmechatronikerin bewerben.
>
> Ich gehe <u>momentan</u> auf die Gesamtschule und werde dort bald meinen Abschluss machen.
>
> Ich habe in den Fächern Mathe und Physik gute Noten. Ich habe in den letzten Ferien
> ein Praktikum in einer Autowerkstatt gemacht und meine Vorkenntnisse vertieft.
>
> Ich möchte Sie gern in einem Vorstellungsgespräch von meinen Stärken überzeugen.
>
> Mit freundlichen Grüßen
> Sofia Brunner

2 Schreibe auf, was dir an Sofias Bewerbungsschreiben sprachlich auffällt.

_____

3 Unterstreiche in jedem Satz ein Satzglied, das am Satzanfang stehen könnte.
Tipp: Überlege, ob der Satz dann besser klingt.

4 Schreibe das Bewerbungsschreiben mit den umgestellten Satzgliedern auf.

<u>Sehr geehrte Damen und Herren,</u>

<u>ich möchte mich auf Ihre Ausbildungsstelle zur Kraftfahrzeugmechatronikerin bewerben.</u>

<u>Momentan</u>

_____

_____

_____

_____

Methode	Mit der Umstellprobe den Stil verbessern

Durch die **Umstellprobe** kannst du deine **Texte abwechslungsreicher gestalten,** sodass die Satzanfänge nicht immer gleich sind. Stelle **ein aussagekräftiges Satzglied an den Anfang,** z. B.:

- **zeitliche Angaben**, z. B.: *Momentan ..., Im letzten Jahr ...*
- **wichtige Informationen**, z. B.: In einer Kfz-Werkstatt habe ich ...
- **Bezüge** zum vorangegangenen Satz, z. B.: *Daher ..., Aus diesem Grund ...*

Die Stellung der Satzglieder im Deutschen

1 **a** Lies die Sätze in Aufgabe 2.

b Unterstreiche das Subjekt (Wer oder was?) rot.

c Unterstreiche das Prädikat (Was macht?) grün.

d Unterstreiche das Objekt (Wen oder was? Wem?) blau.

2 Mache die Umstellprobe und ordne die Satzglieder neu.

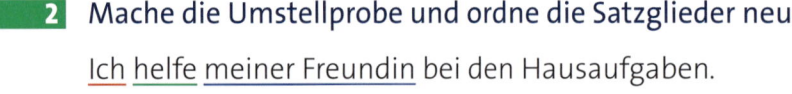
Ich helfe meiner Freundin bei den Hausaufgaben.

Meiner Freundin helfe ich

Bei den Hausaufgaben

Ich verkaufe gern gute Produkte an andere Leute.

Er repariert Autos in kurzer Zeit.

Der Chef gibt der Mitarbeiterin eine wichtige Aufgabe.

Der Praktikant schickt sein Bewerbungsschreiben an den Betrieb.

Information	**Stellung der Satzglieder im Deutschen**

- Im **Deutschen** steht im **Hauptsatz** das **Prädikat** immer an **zweiter Stelle,** z. B.:
  Ich lese ein Buch auf dem Sofa.
- Im **Nebensatz** steht das **Prädikat** immer **am Ende,** z. B.:
  Ich sitze auf dem Sofa, weil ich ein Buch lese.
- Bei der **Umstellprobe** darf man verschiedene **Satzglieder** an den Satzanfang stellen, z. B.:
  Ich lese ein Buch auf dem Sofa. Auf dem Sofa lese ich ein Buch. Ein Buch lese ich auf dem Sofa.

Einen Text überarbeiten: Übersichtliche Sätze, Satzverknüpfungen, Umstellprobe

1 Lies das Bewerbungsschreiben.

> Sehr geehrte Damen und Herren,
>
> ich bewerbe mich auf Ihren Ausbildungsplatz als Kauffrau im Einzelhandel.
>
> Ich helfe gern Menschen bei ihren Fragen weiter.
>
> Ich verkaufe deshalb gute Produkte mit Überzeugung schnell.
>
> Ich habe in den letzten Sommerferien bereits ein Praktikum im Drogeriemarkt gemacht
>
> und dabei viele Erfahrungen gemacht und gemerkt, dass mir das Beraten und Verkaufen
>
> viel Spaß bereitet.
>
> Ich freue mich über eine Einladung zu einem Gespräch, falls Sie Interesse haben,
>
> mich kennen zu lernen.
>
> Mit freundlichen Grüßen
> Melina Müller

2 Überarbeite das Bewerbungsscheiben.

a Unterstreiche die Satzanfänge. Was fällt dir auf? Schreibe es auf die Linie.

_____

b Markiere in jedem Satz ein aussagekräftiges Satzglied, das du an den Satzanfang stellen möchtest.

c Ein Satz im Text ist sehr lang. Überlege, wie du ihn übersichtlicher gestalten kannst. Schreibe deinen Vorschlag auf.
Tipp: Schreibe kurze, übersichtliche Sätze.

_____

_____

_____

_____

_____

3 Schreibe die überarbeitete Fassung des Bewerbungsschreibens in dein Heft. Berücksichtige deine Ergebnisse aus Aufgabe 2.

4 Gib dein überarbeitetes Bewerbungsschreiben einem Lernpartner oder einer Lernpartnerin. Besprecht eure Bewerbungsschreiben in Partnerarbeit.

12 Rechtschreibstrategien und Rechtschreibregeln anwenden

Zweisilbige Wörter richtig schreiben

1 **a** Lies den Text.

    b Untersuche die Schreibweise der markierten zweisilbigen Wörter.
Kreise in der ersten Silbe jeweils den Vokal oder Umlaut ein.

    c Ordne die markierten Wörter in die Tabelle ein.
Schreibe die Nomen mit dem bestimmten Artikel auf.

Der Traum vom Fliegen ist ein sehr alter Traum der Menschen. Die ersten Schritte

zur Verwirklichung dieses Traums waren nicht einfach und voller Gefahren. Zuerst ahmten

Menschen die Flügel eines Vogels nach. Einige waren so mutig und versuchten einen Gleitflug

ohne Motor. Später wurden die Flugobjekte mit einem Motor ausgestattet und konnten so

5 gesteuert werden. Mit dem Steuer bedient man die Ruder, die das Kippen in der Luft verhindern.

Heute fliegen wir in großen Maschinen durch die ganze Welt. Die Piloten wissen jederzeit,

wo sie gerade sind. Sie kennen alle Daten genau.

erste Silbe **offen**	erste Silbe **geschlossen** verschiedene Konsonanten	zwei gleiche Konsonanten
_____	_____	_____
_____	_____	_____
_____	_____	_____
_____	_____	_____

2 Lies die Wörter in der rechten Spalte der Tabelle leise vor. Wie werden die Vokale gesprochen?
Ergänze den folgenden Satz.

Wenn die erste Silbe geschlossen ist und an der Silbengrenze zwei gleiche Konsonanten stehen,

werden die Vokale _____ gesprochen.

Information	**Offene und geschlossene Silben**

Jede **Silbe** eines Wortes enthält einen **Vokal.**
Wenn die Silbe mit einem **Vokal endet,** dann ist es eine **offene Silbe,** z. B: *der Mo-tor, le-ben.*
Wenn die Silbe mit einem **Konsonanten endet,** dann ist es eine **geschlossene Silbe,**
z. B.: *die Men-schen, fin-den.*

Deutschbuch ▶ Seite 245

Zweisilbige Wörter mit i-Laut

1 a Lies die folgenden Wörter in Silben. Markiere jeweils die erste Silbe.

b Ist die erste Silbe offen oder geschlossen? Prüfe, ob sie mit einem Konsonanten endet.

c Ordne die Wörter in die Tabelle ein.
Schreibe die Nomen mit dem bestimmten Artikel auf.

> lieben • grinsen • schwierig • Grippe • fliegen • Birne • Windel • Riemen • Pinsel •
>
> schieben • singen • Kiesel • Hirte • riesig • Kirsche • gierig • Biene • Tinte

erste Silbe **offen**	erste Silbe **geschlossen** (Konsonant am Ende)

2 Schreibe mit vier Wörtern aus der ersten Spalte der Tabelle jeweils einen Satz auf.

_____

_____

_____

_____

_____

Information   **Wörter mit i-Laut**

Wenn bei Wörtern mit **i**-Laut die **erste Silbe offen** ist, dann schreibt man den **i**-Laut
in der Regel ie, z. B.: *die Lie-be, flie-gen.*

Rechtschreibstrategie Verlängern

1 **a** Verlängere jedes Wort und schreibe das verlängerte Wort auf.

b Ergänze bei jedem Wort den fehlenden Buchstaben.
Tipp: Lies dazu den Informationskasten unten.

c Schreibe das Wort noch einmal auf.

b oder p?	der Betrie_b_	die Betriebe	der Betrieb
	sie glau__t	_____	_____
	sie lie__t	_____	_____
	der Stau__	_____	_____
d oder t?	der Aben__	_____	_____
	wil__	_____	_____
	der Hel__	_____	_____
	der Ran__	_____	_____
g oder k?	er überzeu__t	_____	_____
	der Abflu__	_____	_____
	sie kla__t	_____	_____
	er erträ__t	_____	_____

2 **a** Lies die Sätze.

b Verlängere die Wörter. Ergänze den fehlenden Buchstaben.

Nach dem Winter zei__t (g/k) sich der schlechte Zustan__ (d/t) vieler Straßen.

Das Lan__ (d/t) gi__t (b/p) viel Gel__ (d/t) aus, um die Sicherheit im Straßenverkehr

zu gewährleisten. Wenn sich ein Politiker für die Sanierung einsetzt und hartnäckig

nachfra__t (g/k), hat er Erfol__ (g/k) und bekommt viel Lo__ (b/p).

Information	**Strategien anwenden**

Bei Wörtern mit **b, d, g** am Ende werden b, d, g wie **p, t, k** gesprochen.
Verlängere die Wörter: Bilde bei Nomen den Plural, bei Verben die Grundform, bei Adjektiven die Steigerungsform. Dann hörst du, welchen Buchstaben du schreiben musst, z. B.:
der Ta? – die Tage – der Tag, es schwe?t – schweben – es schwebt, gesun? – gesünder – gesund.

Rechtschreibstrategie Ableiten

1　**a**　Prüfe: **e** oder **ä**? **eu** oder **äu**?
Schreibe zu jedem der folgenden Wörter ein verwandtes Wort mit **a** oder **au** auf.
▐Tipp:▌ Lies dazu den Informationskasten unten.

　　b　Ergänze den oder die fehlenden Buchstaben und schreibe das Wort noch einmal auf.

der H _ä_ ndler　　　handeln _____　　der Händler _____

die Tr____me　　　_____　　_____

der Verk____fer　　_____　　_____

die M___nner　　　_____　　_____

das Geh____se　　　_____　　_____

2　**a**　Schreibe den Infinitiv (die Grundform) der Verben auf.

　　b　Ergänze dann den fehlenden Buchstaben.

er r _ä_ t　　raten _____　　　sie f___ngt _____

sie gr___bt _____　　　　　er schl___ft _____

3　**a**　Lies die Sätze. In einigen Wörtern fehlen die Buchstaben **ä**, **äu** oder **eu**.

　　b　Prüfe: Gibt es ein verwandtes Wort mit **a** oder **au**? Dann schreibe es in die Klammer.

　　c　Ergänze dann den oder die fehlenden Buchstaben.

Steffen l _äu_ ft (von: _laufen_) nach der Schule gern zu Fuß nach Hause.

Kira h____lt (von: _____) es für schlimm, wie manche Leute über andere reden.

Umweltschutz finde ich ____ßerst (von: _____) interessant.

Der schwarze Hengst hat ein f____riges (von: _____) Temperament.

Kopfl____e (von: _____) sind eine gefürchtete Plage.

Information	**Strategien anwenden**

In vielen Wörtern klingen **ä** und **e** ähnlich; **äu** und **eu** klingen sogar gleich.
Um herauszufinden, ob ein Wort mit **ä** oder **äu** geschrieben wird,
musst du ein **verwandtes Wort** mit **a** oder **au** suchen.
Du kannst zum **Nomen** den **Singular** oder das passende **Verb** suchen, z. B.:
die Wälder – der Wald, der Bäcker – backen.
Zu Verben kannst du die Grundform bilden, z. B.: *sie läuft – laufen.*

Großschreibung von Nominalisierungen

Malala Yousafzai, 2013

1 Lies den Text.

Im Jahr 2014 erhielt die Pakistanerin Malala Yousafzai (geboren 1997)

den Friedensnobelpreis. Das Besondere an ihr ist, dass sie gegen

die Unterdrückung von Kindern und Jugendlichen kämpft.

Sie hat schon viel Mutiges getan. Sie protestierte bereits

5 mit elf Jahren gegen das Zerstören von Mädchenschulen durch

Terroristen. Für das Schreiben ihrer Meinung in einem Blog wurde

sie verfolgt. 2012 geschah das Schreckliche: Terroristen hielten

Malalas Schulbus an und schossen auf sie. Ihr Überleben grenzte an ein Wunder.

2 Markiere die drei Nominalisierungen von Verben grün
und die drei Nominalisierungen von Adjektiven blau.
Tipp: Lies dazu den Informationskasten unten.

3 a Bilde aus den Verben Nomen.

b Schreibe mit den Nomen Sätze.

reisen • laufen • essen

beim • das • zum • vom

beim Reisen: _____

_____

_____

4 a Bilde aus den Adjektiven Nomen.

b Schreibe mit den Nomen Sätze.

mutig • warm • schön

das • viel • wenig • etwas

etwas Mutiges: _____

_____

_____

Information Nominalisierung von Verben und Adjektiven

Aus **Verben** können **Nomen** werden, wenn z. B. die Wörter *das, beim* (bei dem), *zum* (zu dem) vor dem Verb stehen. Das nennt man **Nominalisierung.** Die **Nomen** werden **großgeschrieben,** z. B.: *Wir* **kochen** *oft.* → **Das Kochen** *macht Spaß. Ich entspanne mich* **beim Kochen.**

Auch aus **Adjektiven** können **Nomen** werden, wenn z. B. die Wörter *der, das, viel, wenig,* **etwas** vor dem Adjektiv stehen, z. B.: *In einem Kochkurs lernt man,* **leckeres** *Essen zu kochen.* → *Könntest du mir* **etwas Leckeres** *kochen?*

Zeitangaben und Wochentage

1 Lies die Nachrichten.

> Hi Mike, wir schreiben doch Freitagmorgen Mathe.
> Hast du morgen Nachmittag Zeit zum Üben?

> Hi Jonas, nein, es geht nur mittags.

> Habe gelesen, dass man abends am besten lernen soll ...

> Geht nicht, ab nachmittags haben wir Besuch.

> Dann komme ich morgen Mittag.
> Wollen wir Dienstagabend ins Kino, als Belohnung fürs Lernen?

> Super Idee. Aber dienstags habe ich Sport. Geht auch Mittwochabend?

> Nee, da habe ich Training. Wie sieht es heute Abend aus?

> War eigentlich gestern Nachmittag schon im Kino. Aber warum nicht?

> Okay. Sagst du Tim wegen Donnerstagnachmittag Bescheid?

> Wegen dem Trip in die Stadt? Hab ich schon erledigt. Also, bis dann!

2 **a** Markiere in den Nachrichten alle Zeitangaben.

    b Ordne die Zeitangaben passend in die Tabelle ein.

Tageszeiten/ Wochentage mit s	Tageszeiten nach gestern/heute/morgen	Zusammensetzung aus Wochentag und Tageszeit
mittags	morgen Nachmittag	der Freitagmorgen

3 Schreibe eigene Sätze mit Zeitangaben in dein Heft.

Information **Groß- und Kleinschreibung von Tageszeiten und Wochentagen**

Tageszeiten als Nomen schreibt man **groß, als Adverbien** schreibt man sie **klein**, z. B.:
der Morgen – aber (Adverb): *morgens, zu Mittag – aber* (Adverb): *mittags.*
Nach **gestern, heute** und **morgen** werden **Tageszeiten großgeschrieben**, z. B.:
gestern Mittag, morgen Abend.
Eine Ausnahme musst du dir merken: *morgen früh* – hier wird die Tageszeit kleingeschrieben.
Zusammensetzungen aus Wochentag und Tageszeit werden immer zusammen- und
großgeschrieben, z. B.: *der Mittwochmorgen.*

Zusammen- und Getrenntschreibung von Verben

1 Bilde Wortgruppen aus Verb und Verb. Schreibe sie auf.
Tipp: Lies dazu den Informationskasten unten.

laufen singen surfen	lernen	_____
		_____

2 Ergänze die Wortgruppen aus Aufgabe 1 passend in den Sätzen.

Kleine Kinder müssen erst einmal _____ .

Im Badeurlaub möchte ich _____ .

In einem Chor kann man _____ .

3 **a** Lies die Sätze.

b Überlege, wann die Verbindung aus Adjektiv und Verb eine neue Bedeutung hat.
Ergänze die Verbindungen in den Sätzen.

Vorsicht bei Glatteis, du könntest _____ ! | leichtfallen / leicht fallen |

Die Deutscharbeit wird mir _____ .

Bei einem Vortrag solltest du möglichst _____ . | freisprechen / frei sprechen |

Der Richter musste den Angeklagten _____ .

4 Ergänze in den Sätzen passende Verbindungen aus unveränderlichem Wort und Verb.

Wer einen Berg _____ , freut sich

auf die schöne Aussicht. Wenn der Aufstieg schwer wird, sollte

man _____ . Es wäre ärgerlich,

kurz vor dem Ziel _____ .

| hinaufsteigen • |
| aufgeben • |
| durchhalten |

| **Information** | **Getrennt- und Zusammenschreibung bei Wortgruppen mit Verben** |

- **In der Regel** schreibt man alle **Wortgruppen mit Verben** getrennt.
- **Zusammen** schreibt man Verbindungen
  - aus **unveränderlichen Wörtern und Verb**, z. B.: *hinfallen, ausfallen, wegziehen,*
  - aus **Adjektiv und Verb** nur dann, wenn sie **zusammen** eine **neue Bedeutung** ergeben,
    z. B.: *Die Arbeit wird mir **schwerfallen.***
  - **Nominalisierungen** aus Nomen und Verben, z. B.: *beim Fahrradfahren, zum Kaffeetrinken.*

Üben: Großschreibung

1 **a** Lies den Text.

    b Markiere alle Nomen und Nominalisierungen.

Am Montagnachmittag geschah etwas Schlimmes. Ein Bus kam von
der Straße ab und rutschte in einen Graben. Die Feuerwehr traf
schnell ein und begann mit dem Bergen der verletzten Menschen.
Das Erfreuliche war, dass es keine schweren Verletzungen gab.

5 Das Einsammeln des verstreuten Gepäcks dauerte allerdings bis
in die Nacht. Starke Scheinwerfer mussten die Unfallstelle erhellen.
Freiwillige Helfer brachten den Einsatzkräften etwas Warmes zu essen und heiße Getränke.
Die Straße konnte erst am Dienstagmorgen wieder freigegeben werden.

2 Trage die Nomen und Nominalisierungen mit ihren Begleitern richtig ein.
Tipp: Lies dazu noch einmal die Informationskästen auf S. 121 und 122.

Nomen mit Artikel:	Ein Bus,
Nomen mit Adjektiv:	der verletzten Menschen,
Nominalisierungen:	etwas Schlimmes,
Tageszeiten/ Wochentage:	Am Montagnachmittag,

3 Ordne die Nominalisierungen aus Aufgabe 2 zu.

Nominalisierung von Verben: _____

Nominalisierung von Adjektiven: _____

_____

4 Vergleiche deine Ergebnisse mit einer Lernpartnerin oder einem Lernpartner.

Zeichensetzung bei wörtlicher Rede und Zitaten

1 Lies das Gespräch.

Kannst du mir bei dem Referat helfen, Samira?

Klar, Steffen, das ist kein Problem.

Dann können wir das ja als gemeinsames Referat abgeben.

Darüber sprechen wir am besten mit unserem Lehrer.

2 Schreibe das Gespräch mit Begleitsätzen in dein Heft.
Die Verben aus dem Kasten am Rand helfen dir.
Denke an die Zeichensetzung bei wörtlicher Rede.
Tipp: Lies dazu den Informationskasten unten.
Beginne so:

Steffen fragt: „Kannst du ...

> ~~fragt~~ • antwortet •
> meint • sagt

Steffen und Samira möchten für ihr Referat aus einem Zeitungartikel zitieren.
Sie haben die Stellen in dem Artikel markiert.

3 **a** Lies den Artikel.

> Die Affenforscherin Jane Goodall hat Erstaunliches geleistet. Sie hat seit 1960 gegen
>
> alle Widerstände ihre Forschungen durchgeführt und dabei viele Entdeckungen gemacht.
>
> Dank ihr wissen wir, dass Schimpansen auch Fleisch fressen. Dass die Menschenaffen Werkzeug
>
> herstellen und benutzen können, ist vielleicht Goodalls wichtigste Erkenntnis. Damit erregte
>
> ₅ sie großes Aufsehen in der Fachwelt.

b Schreibe die markierten Stellen als Zitate auf. Vervollständige dazu die Sätze.
Verwende die Regeln aus dem Informationskasten.

Der Autor des Zeitungsartikels über Jane Goodall meint: „Jane Goodall hat _____

_____ . _____

_____

_____ findet der Autor.

Information	**Zeichensetzung bei Zitaten**

- Wörtlich wiedergegebene Textstellen kennzeichnet man durch **Anführungszeichen.**
- Nach einem **ankündigenden Begleitsatz** steht **ein Doppelpunkt,** z. B.: Er sagt: *„Lies das!"*
- **Folgt der Begleitsatz** dem Zitat, wird er durch ein Komma abgetrennt, z. B.: *„Halt!", rief er.*

Kommasetzung bei Aufzählungen

Die Freunde Jan, Maja und Moritz planen ein Grill-Picknick. Dafür müssen sie an einiges denken.

1 Lies ihre Liste.

Jan	Maja	Moritz
Grill	Salat	Teller
Grillkohle	Brot	Becher
Würstchen	Ketchup	Besteck
Senf	Servietten	Getränke

2 **a** Schreibe in ganzen Sätzen auf, wer sich um was kümmert. Denke an die Kommasetzung.

b Markiere alle Kommas.

Jan kümmert sich um den Grill, die _____

_____

_____

_____

_____

3 **a** Lies die Liste.

b Markiere die Dinge, die du für ein Picknick einpacken würdest.

c Ergänze die Liste mit eigenen Ideen.

vegetarische Wurst für Maja Mamas berühmte Frikadellen	eine große Decke Saft oder Schorle	frisches Obst vielleicht auch Chips
_____	_____	_____

4 Zähle deine Picknickzutaten in einem ganzen Satz auf. Schreibe in dein Heft.
Denke an die Kommasetzung.
Beginne so:

Für mein Picknick brauche ich ...

Information   **Kommasetzung bei Aufzählungen**

Durch Kommas trennt man **nebengeordnete Sätze und Satzglieder.** Das sind:
Aufzählungen von Wörtern, Wortgruppen und Hauptsätzen (Satzreihen), z. B.:
Für eine Party braucht man verschiedene Salate, leckere Getränke und viel gute Laune.
Ich freue mich auf die Party, denn alle meine Freunde werden da sein. (Satzreihe)

Kommasetzung in Satzgefügen

1 **a** Lies den Text.

b Finde im Text die fünf Konjunktionen und kreise sie ein.
Tipp: Lies dazu den Informationskasten unten.

c Unterstreiche die Nebensätze, die von den Konjunktionen eingeleitet werden.

d Markiere die Kommas, die die Nebensätze von den Hauptsätzen trennen.

Nachdem ich gefrühstückt habe, fahre ich mit dem Bus zur Schule. Schule macht

mir Spaß, weil ich da jeden Tag ein paar von meinen Freunden sehen kann.

Am Nachmittag, wenn ich mit den Hausaufgaben fertig bin, treffe ich mich

mit meinem besten Freund in der Stadt. Obwohl wir nicht viel kaufen, bummeln

5 wir gern durch die Läden. Um 19 Uhr gehen wir zur Bushaltestelle, damit wir

später noch Zeit für ein Computerspiel haben.

2 **a** Lies die Sätze. Es fehlen insgesamt fünf Kommas.

b Kreise die Konjunktionen ein.

c Schreibe die Sätze auf. Ergänze dabei die Kommas zwischen
Hauptsatz und Nebensatz.

VORSICHT
FEHLER!

Mein Freund steigt vor mir aus dem Bus weil sein Heimweg kürzer ist. Damit ich

mich nicht langweile höre ich übers Handy meine Lieblingssongs. Zu Hause kann

ich bevor wir zu Abend essen meistens auch noch ein bisschen Musik hören.

Nach dem Essen sehe ich fern oder lese einen Comic wenn ich Lust dazu habe.

_____

_____

_____

_____

_____

Information	**Die Kommasetzung im Satzgefüge**

- Ein **Satzgefüge** besteht aus einem **Hauptsatz und** mindestens einem **Nebensatz.**
- Der Nebensatz kann vor oder nach dem Hauptsatz stehen oder in ihn eingefügt sein.
  Alle **Nebensätze** werden durch ein **Komma vom Hauptsatz getrennt.**
- Nebensätze werden oft durch **Konjunktionen** (Bindewörter) eingeleitet, z. B.: *wenn, da, weil, obwohl, bevor, nachdem, seitdem, damit.*

Kommasetzung bei *das* oder *dass*

1 **a** Kreise in den Sätzen jeweils die Konjunktion **dass** ein.

b Füge jeweils das Komma ein.
Tipp: Lies dazu den Informationskasten unten.

Ich habe gehört dass jeder fünfte Jugendliche von Cybermobbing betroffen ist.

Eine Nachbarin sagt dass die Menschen generell unfreundlicher geworden sind.

Ich meine dass die Menschen wieder mehr Respekt voreinander haben sollten.

Meine Schwester findet dass man das schon mit seinen Freunden üben kann.

₅ Wir sollten uns alle darum bemühen dass unser Miteinander besser wird.

2 Schreibe eigene **dass**-Sätze zum Thema in dein Heft.

> Man weiß ja, dass … • Ich finde es positiv/negativ, dass … • Es ist doch so, dass …

3 **a** Lies die Satzteile und verbinde den Hauptsatz mit dem passenden Relativsatz.

b Schreibe die Sätze richtig in dein Heft. Denke an die Kommas.

c Unterstreiche im Relativsatz jeweils das Relativpronomen.

d Unterstreiche im Hauptsatz das Nomen, auf das sich das Relativpronomen bezieht.

Hauptsatz	Relativsatz
Ich betrachte Respekt als ein Geschenk	das man nicht ignorieren darf.
Aggression ist ein Gefühl	das friedlich und sicher ist.
Alle Menschen wollen ein Leben	das man kontrollieren kann.
Mobbing ist ein Thema	das Menschen einander machen.

4 Wandle drei Satzgefüge aus Aufgabe 3 b so um, dass der Relativsatz in der Mitte steht.
Schreibe sie in dein Heft.

Beispiel: **Als ein Geschenk, das Menschen einander machen, betrachte ich Respekt.**

Information	Die Kommasetzung im Satzgefüge *(dass, das)*

- Die Konjunktion **dass** leitet in der Regel einen **Nebensatz ein,** der auf die Frage „Was?"
antwortet, z. B.: *Mir ist klar geworden, dass ich etwas ganz anderes möchte.*
- Die **Relativpronomen *der, die, das*** leiten einen **Relativsatz ein,** der sich auf
ein **vorangegangenes Nomen** bezieht, z. B.: *Das Mädchen, **das** ich gestern gesehen habe, …*
Der, die, das können durch die Relativpronomen ***welcher, welche, welches*** ersetzt werden,
z. B.: *Das Mädchen, **welches** ich gestern gesehen habe, …*

Übungsstationen: Nominalisierungen; Zeitangaben und Wochentage; Zeichensetzung bei Zitaten

Hier kannst du zeigen, was du über die Nominalisierungen, Zeitangaben und Wochentage und die Zeichensetzung bei Zitaten gelernt hast.

1 Bilde aus den markierten Verben und Adjektiven Nomen.
Ergänze die Nominalisierung jeweils im zweiten Satz.

> **Nominalisierungen** von **Verben** und **Adjektiven**

Malala Yousafzai ist ein außergewöhnlicher Mensch.

Schon als Kind tat sie etwas _____ .

Sie schrieb Blogeinträge über die Situation von Mädchen in Pakistan.

Das _____ machte sie zur Zielscheibe für Terroristen.

Die Verleihung des Friedensnobelpreises an Malala war ein wichtiges Zeichen.

In ihrer Rede sagte Malala viel _____ über das Recht auf Bildung.

Obwohl die Terroristen sie verfolgten, ging sie weiter zur Schule und lernte.

Für Malala ist das _____ der Schlüssel zur Freiheit.

2 a Prüfe, ob die Zeitangaben und Wochentage groß- oder kleingeschrieben werden.
Streiche jeweils den falschen Buchstaben durch.

> **Groß-** und **Kleinschreibung** von **Zeitangaben** und **Wochentagen**

b Schreibe die Sätze richtig in dein Heft.

Wir schreiben am M/mittwoch eine Mathearbeit. Am M/montagmittag wollen wir dafür üben.

Man lernt zwar A/abends am besten, aber M/morgen A/abend kommt Besuch. Und weil ich

D/dienstags Sport habe, können wir nicht am D/dienstagabend lernen. Heute ist es auch nicht

möglich, denn H/heute N/nachmittag gehen wir ins Kino. Also bleibt nur der M/Montag übrig.

3 a Ergänze in dem folgenden Ausschnitt aus einem Referat die Satzzeichen bei Zitaten.

> **Zeichensetzung** bei **Zitaten**

b Kontrolliere deine Lösung mit einem Lernpartner oder einer Lernpartnerin.

c Schreibe den Text dann noch einmal in dein Heft.

In einem Artikel über Jane Goodall heißt es : „ Die Affenforscherin gab

den Schimpansen Namen statt Nummern. Das war damals offenbar neu. Diese

Namen so betont der Autor des Artikels verwandelten die Tiere in Einzelwesen.

Jane Goodall verbrachte viele Jahre mit der Beobachtung von Schimpansen.

5 Der Autor des Artikels kommt zu dem Schluss Sie revolutionierte

die Primatenforschung und ist bis heute eine sehr bekannte Wissenschaftlerin.

Übungsstationen: Kommasetzung in Satzgefügen und bei *das* oder *dass*

Hier kannst du zeigen, was du über die Kommasetzung in Satzgefügen und bei *das* oder *dass* gelernt hast.

1 **a** Markiere in den Sätzen jeweils die Konjunktion, die den Nebensatz einleitet.

| Kommasetzung in Satzgefügen |

b Unterstreiche den Hauptsatz rot.
Unterstreiche den Nebensatz blau.

c Ergänze die fehlenden Kommas.

Mika und Joel haben sich kennen gelernt bevor sie in die Schule kamen.

Weil sie gern etwas zusammen unternehmen treffen sie sich fast jeden Tag.

Obwohl sie manchmal streiten wollen sie niemals ohne den Freund sein.

Aber nun hat sich weil Mika sich verliebt hat etwas verändert. Da Mika auch

₅ mit seiner Freundin Zeit verbringen möchte ist Joel manchmal traurig.

Er fühlt sich ausgeschlossen wenn Mika bei seiner Freundin ist. Joel will

mit Mika darüber reden damit ihre Freundschaft nicht zerbricht.

2 **a** Lies die Sätze.

| Kommasetzung bei **das** oder **dass** |

b Entscheide für jeden Satz, ob du **das** oder **dass** ergänzen muss.
Tipp: Du musst fünfmal **das** und fünfmal **dass** ergänzen.

c Markiere in den Relativsätzen das Relativpronomen **das**.

d Ergänze die fehlenden Kommas.

Der Ferienbeginn ist jedes Mal ein Ereignis _____ wir sehnlich erwarten.

Meine Tante Luise behauptet _____ nur ein Urlaub im Ausland ein richtiger Urlaub ist.

Außerdem will sie jedes Mal ein Abenteuer _____ außergewöhnlich ist erleben.

Aber ich finde _____ es auch zu Hause schön sein kann.

Ein Vorteil vom Urlaub daheim ist _____ man keinen Koffer packen muss.

Die Urlaubsplanung ist trotzdem ein Thema _____ man nicht vergessen sollte.

Ich denke mir etwas aus _____ auch meiner kleinen Schwester gefällt.

Natürlich ist es am wichtigsten _____ ich so oft wie möglich meine Freunde sehe.

Wir machen zum Beispiel gern ein Picknick _____ wir mit einem Lagerfeuer verbinden.

Ich freue mich darüber _____ es überhaupt Sommerferien gibt!

Übungsstationen: Das Komma vor *und*; Zusammen- und Getrenntschreibung von Verben

Hier kannst du zeigen, was du über das Komma vor *und* und
über die Zusammen- und Getrenntschreibung von Verben gelernt hast.

1   Lies die Regeln zur Kommasetzung vor **und**.

> 1   Vor der Konjunktion *und* <u>muss</u> ein Komma stehen,
> wenn vorher ein Nebensatz abgeschlossen wird.
>
> 2   Vor der Konjunktion *und* <u>kann</u> ein Komma stehen,
> wenn sie einen weiteren Hauptsatz einleitet.

Komma vor *und*

2   a   Lies die Sätze.

    b   Unterstreiche die Hauptsätze rot und die Nebensätze grün.

    c   Welche Regel trifft auf welchen Satz zu?
Schreibe die Nummer der Regel hinter den Satz.

    d   Ergänze das Komma vor **und**, wo es unbedingt gesetzt werden muss.

VORSICHT FEHLER!

Ich habe einen Hund, mit dem ich Kunststücke übe und er kann schon
ganz toll auf zwei Beinen hüpfen.   Regel _____

Wir haben in der Schule ein Fest gefeiert und wir haben dabei viel
Spaß gehabt.   Regel _____

Gestern bin ich noch ins Hallenbad gegangen, obwohl es schon spät
war und habe dort meinen Klassenlehrer getroffen.   Regel _____

3   a   Lies die Sätze.

    b   Entscheide: Musst du zusammenschreiben oder getrennt schreiben?

    c   Ergänze dann die Sätze.

Zusammen- und **Getrenntschreibung** von **Verben**

Meine Mutter, die in England _____ , kam
auf wuchs / aufwuchs

als junge Frau nach Deutschland. Sie wusste nicht, dass es ihr so _____
schwer fallen / schwerfallen

würde, Deutsch zu lernen. Was sie besonders _____ , war das **ch.**
heraus forderte / herausforderte

Sie konnte es einfach nicht verständlich _____ .
aus sprechen / aussprechen

Nach jeder Deutschstunde musste sie eine Runde _____ ,
spazieren gehen / spazierengehen

um ihr Gehirn zu „lüften" und ihre Zunge zu „entknoten".

Übungsstationen: Alle Zeichenregeln anwenden; Strategien und Regeln

1   **a**   Lies den Text.

     b   Ergänze die fehlenden Kommas, Anführungszeichen und Doppelpunkte.

> **Zeichenregeln**

Grill-Picknick im Grünen

Die Planungen für das Grill-Picknick das am Fluss stattfinden soll sind im Gange. Jan ist der Meinung dass noch etwas fehlt. Bevor er zum Training geht möchte er das mit Maja besprechen. Er ruft sie an und fragt Haben wir an alles gedacht? Maja antwortet Wir haben den Grill die Kohle die Würstchen
5 und die Getränke. Das stimmt sagt Jan aber was ist mit dem Geschirr? Darum wollte sich Moritz kümmern erwidert Maja. Jan bittet sie Kannst du Moritz anrufen? Ich habe keine Zeit weil ich jetzt zum Fußballtraining muss. Na klar sagt Maja. Nachdem Jan aufgelegt hat wählt Maja die Nummer von Moritz.

2   **a**   Prüfe die hervorgehobenen Wörter im Text. Die Strategien am Rand können dir helfen.

     b   Ergänze dann den oder die fehlenden Buchstaben.

> **Strategien und Regeln**

Maja **kl___rt** (ä/e) alles mit Moritz. Sie **sa___t** (g/k) Jan am **Aben___** (d/t)

Beschei___ (d/t). Am **___amstagnachmittag** (S/s) geht es los.

Die **G___ste** (ä/e) setzen sich unter **r___sigen** (i/ie) **B___men** (äu/eu) auf

bunte **___lanen** (P/p). Tom **brin___t** (g/k) seinen **Hun___** (d/t) Bonzo mit.

Den **ma___** (g/k) Maja sehr gern. Seine langen **___hren** (O/o) sehen aus wie

P___nsel (i/ie). Beim **___aufen** (L/l) scheinen sie sogar zu **fl___gen** (i/ie).

Nach zehn Minuten ist Maja vom **___pielen** (S/s) mit Bonzo **hungri___** . (g/k).

Sie isst etwas **___armes** (W/w). Dazu **gi___t** (b/p) es Nudelsalat.

Nach dem **___rillen** (G/g) **wir___** (d/t) das **Lagerf___er** (äu/eu) angezündet.

Sobald es **richti___** (g/k) brennt, kommen alle **n___her** (ä/e). Dann holt

Moritz seine Gitarre. Die **Fr___nde** (äu/eu) singen einige **L___der** (i/ie).

Danach **r___men** (äu/eu) sie gemeinsam auf. Maja, Jan und Moritz

l___cheln (ä/e) glücklich. Das Grill-Picknick war ein voller **Erfol___** (g/k).

i/ie: Erste Silbe offen oder geschlossen?

ä/e und **äu/eu:** Verwandtes Wort mit *a* oder *au*?

b/d/g oder **p/t/k:** Verlängern möglich?

Großschreibung:
- Begleiter (z. B. Artikel oder Adjektiv) vorhanden?
- Wort vorhanden, das Nominalisierung anzeigt (z. B. *beim, vom, zum)?*

13 Rund um Autoren

Informationen über einen Autor sammeln und ordnen (1)

1   a   Lies die Notizen zum Autor Bertolt Brecht.

     b   Welche Karteikarten gehören vom Inhalt her zusammen? Markiere sie in derselben Farbe.

     c   Übertrage die Notizen zu Bertolt Brecht auf richtige Karteikarten. Du brauchst 13 Stück.

A
geboren 1898 in Augsburg,
gestorben 1956 in Berlin

B
schrieb Gedichte, Erzählungen,
Dramen

C
flüchtete 1933 vor den
Nationalsozialisten, kurze Zeit
später wurde sein gesamtes Werk
in Deutschland verboten

D
gründete mit seiner Frau Helene
Weigel sein eigenes Theater in Berlin

E
schon zu Lebzeiten international
bekannt, seine Stücke werden noch
heute häufig aufgeführt

F
bekannte Werke:
— „Die Dreigroschenoper"
— „Das Leben des Galilei"
— „Mutter Courage und ihre Kinder"

G
heiratete zweimal, hatte viele
Liebesbeziehungen ♡♡♡

H
Gibt es das von Brecht gegründete
Theater noch in Berlin?

I
Brechts Frauen:
Marianne Zoff, Helene Weigel,
Ruth Berlau

J
„Die Werke, die Brecht hinterlassen
hat, stellen einen der umfangreichsten
literarischen Nachlässe in deutscher
Sprache dar."

K
Flucht vor den Nationalsozialisten,
Exil* in Dänemark, Schweden,
Finnland und den USA

* **das Exil:**
ein Zufluchtsort im Ausland, wo man lebt, wenn man
in seinem Heimatland nicht mehr leben kann oder darf

L
Gibt es Verfilmungen
von Brechts Werken?

M
Brecht war sehr selbstbewusst,
erklärte angeblich mit 21 Jahren:
„Mein Name wird einst nach denen
von Goethe und Schiller genannt."

Informationen über einen Autor sammeln und ordnen (2)

Die Karteikarten zu Bertolt Brecht können Oberbegriffen zugeordnet werden.

> Lebensweg · Privatleben · Charakter ·
>
> Werk · Bedeutung heute

Bertolt Brecht in seiner Berliner Wohnung, um 1927

1 **a** Schreibe jeden Oberbegriff auf eine neue Karte. Schreibe in Großbuchstaben, damit du die Begriffe als Oberbegriffe erkennst.

b Lege eine Reihenfolge der Oberbegriffe fest.

c Ordne nun die zusammengehörenden Karteikarten den Oberbegriffen zu. Du erhältst fünf Stapel.

2 **a** Lies den folgenden Informationstext.

b Prüfe die Schreibung der hervorgehobenen Wörter.
Tipp: Die Rechtschreibstrategien **Verlängern** und **Nomen erkennen** helfen dir.
Ergänze dann den oder die fehlenden Buchstaben.

„Mutter Courage und ihre Kinder" ist ein sehr bekanntes __rama (D/d)

von Bertolt Brecht. Es **wir__** (d/t) häufig im Deutschunterricht in der Schule gelesen.

Die **Han__lung** (d/t) spielt während des Dreißigjährigen Krieges, der von 1618 bis 1648 dauerte.

Die __**auptfigur** (H/h) ist die Mutter Courage. Sie verkauft Waren an Soldaten,

um mit ihren Kindern zu überleben. Doch jedes ihrer drei Kinder **stir__t** (b/p) im Krieg.

Das hatte die besorgte Mutter bereits zu Beginn **vorhergesa__t** (g/k).

c Prüfe mit dem Textabschnitt A auf Seite 134, ob du die Buchstaben richtig ergänzt hast.

3 Welchem Oberbegriff aus Aufgabe 1 kannst du den Informationstext zuordnen? Kreuze an.

☐ Werk   ☐ Privatleben

Methode   **Eine Kartenabfrage durchführen (Metaplan)**

- Notiert **Ideen, Informationen und Fragen** zu einem Thema auf Karteikarten.
- Legt die Karten auf dem Tisch aus oder heftet sie an eine Wand (Tafel, Pinnwand).
- Ordnet inhaltlich zusammengehörende Karten zu **Gruppen.**
  Karten mit gleichen Aussagen können übereinandergelegt oder -geheftet werden.
- Bestimmt passende **Oberbegriffe** für die einzelnen Gruppen.
- Ergänzt weitere Karten zu den einzelnen Oberbegriffen.
- Erstellt mit Hilfe der Oberbegriffe eine **Gliederung** für euer Thema.

Den Aufbau einer Portfolioseite kennen lernen

1 **a** Lies den Methodenkasten unten.

b Lies dann die Portfolioseite zum Drama „Mutter Courage und ihre Kinder".

A **Informationstext zu „Mutter Courage und ihre Kinder"**

„Mutter Courage und ihre Kinder" ist ein sehr bekanntes Drama von Bertolt Brecht. Es wird häufig im Deutschunterricht in der Schule gelesen. Die Handlung spielt während des Dreißigjährigen Krieges, der von 1618 bis 1648 dauerte. Die Hauptfigur ist die Mutter Courage. Sie verkauft Waren an Soldaten, um mit ihren Kindern zu überleben. Doch jedes ihrer drei Kinder stirbt im Krieg. Das hatte die besorgte Mutter bereits zu Beginn vorhergesagt. In diesem Drama behandelt Brecht die Frage, wie sich die einfachen Leute im Krieg verhalten. Als Leser oder Zuschauer sollen wir erkennen, dass Kriege verhindert werden können. Dann darf die Gesellschaft aber nicht auf Unterdrückung und Ausbeutung gegründet sein. Bertolt Brecht wollte, dass die Zuschauer darüber nachdenken.

E

„Mutter Courage und ihre Kinder" am Deutschen Theater in Berlin, 1949

B **Kommentar:** Das Thema „Krieg" in diesem Drama hat mich abgeschreckt. Es ist furchtbar, dass alle drei Kinder einer Mutter im Krieg sterben und dass die Mutter es sogar vorher ahnt. Manchmal konnte ich das Verhalten der Mutter nicht verstehen. Ich hätte anders gehandelt. Ich glaube, dass man durch das Stück wirklich zum Nachdenken angeregt wird. Man denkt über Gewinner und Verlierer im Krieg nach und darüber, was mutig ist und was nicht.

C **Bewertung:** Ich habe verschiedene Informationen zu dem Drama gelesen. Ich habe Stichworte notiert und einen Informationstext zum Drama geschrieben. Es war schwierig, die wichtigsten Informationen herauszufinden. Ich habe das ausgewählt, was ich besonders interessant fand.

D **Quellen:** Knopf, Jan: Bertolt Brecht. Leben Werk Wirkung. Suhrkamp 2006; https://de.wikipedia.org/wiki/Mutter_Courage_und_ihre_Kinder [23.02.2016]

---

2 Wie ist die Portfolioseite aufgebaut? Schreibe die Buchstaben A bis E
vor die passenden Erklärungen.

__D__ zeigt, woher die Informationen stammen. ____ veranschaulicht den eigenen Text.

____ ist ein selbst geschriebener Text zum Thema. ____ erklärt, wie der Schüler vorgegangen ist.

____ gibt die Meinung des Schülers zum Thema wieder.

Methode	**Ein Portfolio erstellen**

- In einem Portfolio sammelt und ordnet man verschiedene **Materialien** zu einem Thema.
- Außerdem enthält ein Portfolio Aussagen zum **Arbeits- und Lernprozess.**
- Die Portfoliomappe besteht aus einem **Deckblatt** und einem **Inhaltsverzeichnis, selbst verfassten Texten** zum Thema, **fremden Textauszügen** mit genauen **Quellenangaben, Fotos, Schaubildern, Tabellen** und wichtigen **Internetadressen.**

Materialien für ein Autoren-Portfolio zuordnen (1)

1 a Sieh dir die Materialien auf dieser und der nächsten Seite genau an.

b Ordne den Materialien die folgenden Begriffe zu.
Schreibe sie auf die Linien unter den Materialien.

Karikatur · Foto · Faktenliste · Zeitstrahl · Informationstext · Interview · Datenüberblick

A

Bertolt Brecht – Wichtige Lebensdaten

1898: Am 10. Februar wird der Schriftsteller in Augsburg geboren.

1917: In München studiert Brecht Medizin. 1921 bricht er sein Studium ab.

1922: Die Ausgabe seines ersten Dramas „Baal" erscheint. Im November heiratet er die Sängerin Marianne Zoff. Tochter Hanne kommt im März 1923 auf die Welt.

1928: Die „Dreigroschenoper" wird zum ersten Mal aufgeführt.

1929: Brecht heiratet nach der Scheidung von Marianne Zoff die Schauspielerin Helene Weigel. Im November 1924 kommt Sohn Stefan, im Oktober 1930 Tochter Barbara auf die Welt.

1933: Am 28. Februar flieht Brecht in die Schweiz.

1935: Brecht wird die deutsche Staatsbürgerschaft aberkannt.

1941: Er flieht in die Vereinigten Staaten.

1947: Brecht geht zurück nach Europa, in die Schweiz.

1949: In Ostberlin gründet er mit seiner Frau Helene Weigel das Berliner Ensemble.

1956: Brecht stirbt am 14. August an einem Herzinfarkt in Berlin.

_____

B

Brecht heute

Brechts Arbeiten sind auch heute noch von großer Bedeutung. Er beeinflusst noch immer die internationale Film- und Theaterszene. …

_____

C

Auf der Parkbank mit Bertolt Brecht – Ein ausgedachtes Interview

Wir: Herr Brecht, was fanden Sie damals eigentlich am Radio und Fernsehen so toll?
B. Brecht: Radio und Fernsehen haben neue Möglichkeiten geboten, viele Menschen zu erreichen. Auch Menschen, die eigentlich nicht ins Theater gehen oder ihr Geld für Bücher ausgeben.
Wir: Wir möchten Sie gern einmal fragen, …

_____

Materialien für ein Autoren-Portfolio zuordnen (2)

D

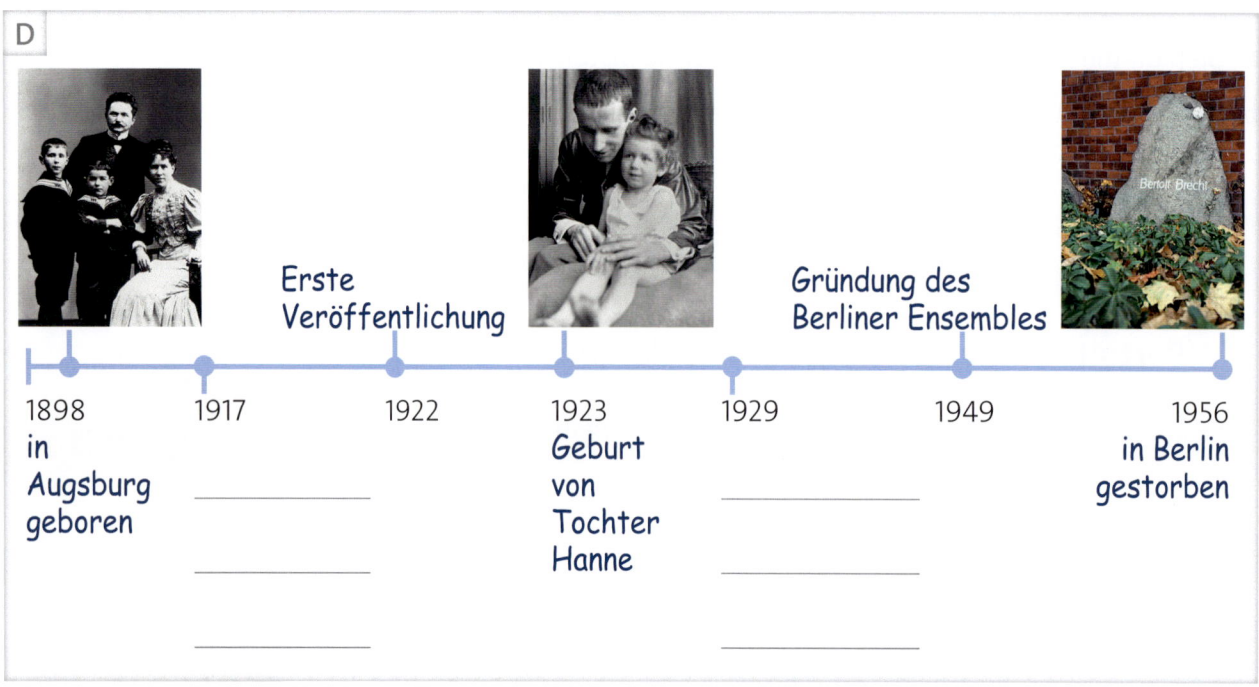

Erste
Veröffentlichung

Gründung des
Berliner Ensembles

1898   1917   1922   1923   1929   1949   1956

in
Augsburg
geboren

_____

_____

_____

Geburt
von
Tochter
Hanne

_____

_____

in Berlin
gestorben

E

Spannende Fakten
über Bertolt Brecht

Wusstet ihr schon, dass …

1. Brecht zu den weltweit berühmtesten Dichtern zählt?
2. er ein großer Frauenfreund war?
3. er ein guter Autofahrer war und einen offenen Sportwagen fuhr?
4. er ein großer Medienfan war und sich sehr für Radio und Fernsehen interessierte?

…

F

freundlich
gegenüber
Fremden

distanzloser
Umgang
mit anderen

---

2   Ergänze auf dem Zeitstrahl Informationen für die Jahre 1917 und 1929.
Lies dazu noch einmal die wichtigen Lebensdaten von Bertolt Brecht auf S. 135.

3   Ordne die Materialien A bis F den fünf Oberbegriffen zu.
Achtung: Die Materialien A und D passen zu mehreren Oberbegriffen.

Lebensweg: _____   Werke: _____

Privatleben: _____   Bedeutung heute: _____ , C _____

Charakter: E, _____

Einen Sachtext über eine Autorin erschließen (1)

1 Lies den gekürzten Sachtext.

Gisela Ostwald

Suzanne Collins über ihren Erfolg

Suzanne Collins, 2012

1 „Flammender Zorn" ist der dritte und letzte Band aus
der Jugendbuchreihe „Die Tribute von Panem" von Suzanne Collins.
Er hat gerade die Bestsellerlisten von Deutschland erobert.
Die Fantasy-Story handelt von Jugendlichen, die in einer Arena
5 zu tödlichen Spielen gegeneinander antreten müssen.
Der erste Band heißt „Tödliche Spiele". Er erschien 2009
in deutscher Sprache.
Für diesen Band erhielt Collins 2009 und 2010 zwei Literaturpreise. Es gibt Internetforen und
Clubs, die sich mit dem Inhalt der Bücher auseinandersetzen. In den Romanen wehren sich
10 junge Menschen gegen eine gewalttätige Regierung. Das ist kein leichter Lesestoff.

2 Suzanne Collins wurde 1962 in Amerika geboren. Sie lebt mit ihrer Familie in der Nähe
von New York. Suzanne Collins wollte zuerst Schauspielerin werden, dann entschied sie sich
aber um. Sie wollte lieber selbst Texte schreiben und nicht die Texte von anderen sprechen.
Sie studierte in New York und ging dann zum Fernsehen. Seit 1991 schrieb sie Drehbücher
15 für Familien- und Kinderprogramme, zum Beispiel für den Sender Nickelodeon. Erst 2003 hängte
Collins ihren TV-Job an den Nagel. Nun sitzt sie jeden Morgen zu Hause an ihrem Schreibtisch und
schreibt Bücher. Wenn sie richtig in Fahrt kommt, schreibt sie auch schon mal fünf Stunden ohne
Pause. Ihre erste Buchserie über die Abenteuer von Gregor und seiner Schwester Boots war
erfolgreich und wurde in mehrere Sprachen übersetzt. „Die Tribute von Panem" werden
20 mittlerweile von Fans in 41 Ländern verschlungen, sagt die Autorin stolz.

3 Mit ihrer Romanreihe über die „Tribute" möchte Suzanne Collins Jugendlichen zeigen,
dass Kriege alles auslöschen können. Dann kann die Erde unbewohnbar werden. Der Staat Panem
in ihren Büchern entstand aus den Trümmern von Nordamerika. Die Geschichte ist
eine beklemmende Fantasy-Story um Liebe, Tod und die Gewalt der Medien. Sie ist wunderbar
25 geschrieben, tiefgründig und fesselnd, voller Action, Tempo und Überraschungen. Kein Wunder,
dass Hollywood die Rechte für die Verfilmung erworben hat.

4 Suzanne Collins wurde gefragt, warum sie für junge Leser und nicht für Erwachsene schreibt.
Darauf antwortete die Autorin, dass jüngeres Publikum einfach spannender sei. Junge Leute seien
noch offen für viele Ideen. Erwachsene hätten schon feste Ansichten, sie seien eher festgefahren.
30 Collins ist der Meinung, dass sich junge Leser durch ein Buch schon früh mit Fragen beschäftigen
können, die für sie später im wahren Leben wichtig werden.

Einen Sachtext über eine Autorin erschließen (2)

1 Auf dieser und der nächsten Seite findest du verschiedene Aufgaben zum Sachtext „Suzanne Collins über ihren Erfolg". Bearbeite sie.

Auswahlaufgabe zu Textabschnitt 1

Kreuze die richtige Aussage an.

Der dritte Band von Suzanne Collins …

☐ steht in den Bestsellerlisten.

☐ hat einen Literaturpreis gewonnen.

☐ wird in Internetforen gelobt.

☐ ist beliebt, weil er leichten Lesestoff bietet.

Zuordnungsaufgabe zu Textabschnitt 2

Verbinde die passenden Satzteile.

| A | Suzanne Collins wurde keine Schauspielerin, |

| B | Bevor sie Schriftstellerin wurde, sammelte sie bereits Erfahrungen mit dem Schreiben, |

| C | Die Autorin freut sich, |

| 1 | dass ihre Romane in 41 Ländern gelesen werden. |

| 2 | weil sie selbst Texte schreiben wollte und nicht die Texte anderer nur sprechen wollte. |

| 3 | als sie fürs Fernsehen Drehbücher verfasste. |

Richtig/Falsch-Aufgabe zu Textabschnitt 3

Prüfe die Aussagen. Schreibe hinter jeden Satzteil ein *r* für *richtig* oder ein *f* für *falsch*.

Suzanne Collins will mit ihrer Jugendbuchreihe „Die Tribute von Panem" zeigen, dass …

uns eine beklemmende Zukunft erwartet. ☐   Nordamerika schon völlig zerstört ist. ☐

Kriege schlimme Folgen haben. ☐   Medien Gewalt ausüben können. ☐

Kurzantwortaufgabe

Wovon handelt die Fantasy-Story „Die Tribute von Panem"?
Beantworte die Frage mit Hilfe von Textabschnitt 1 in eigenen Worten.

_____

_____

Einen Sachtext über eine Autorin erschließen (3)

Einsetzaufgabe

Ergänze den Text mit den passenden Wörtern aus dem Kasten.

Erwachsene • offen • Literaturpreis • Rechte • Bestsellerlisten •
Jugendliche • unterdrückt • einseitig • auflehnen

Alle möchten den neuen Band von Suzanne Collins lesen. Deshalb steht er auf

den _____ . Schon für den ersten Band hat die Autorin

einen _____ gewonnen. In den „Panem"-Büchern geht es um Jugendliche,

die sich gegen die Regierung _____ . Diese Regierung _____

die Menschen auch durch die Medien gewaltsam.

Hollywood witterte bei diesem Buch einen Erfolg und erwarb die _____ für

die Verfilmung. Das Zielpublikum von Suzanne Collins sind _____ ,

da _____ häufig in ihren Ansichten zu _____ sind und

sie nicht _____ an ein Thema herangehen.

2 Du hast fünf verschiedene Aufgabenarten bearbeitet.

a Lies die Tipps A bis E.

b Welcher Tipp hilft dir bei welcher Aufgabenart?
Schreibe den Buchstaben des Tipps auf die Linie.

1. Auswahlaufgabe: Tipp _____

2. Zuordnungsaufgabe: Tipp _____

3. Richtig/Falsch-Aufgabe: Tipp _____

4. Kurzantwortaufgabe: Tipp _____

5. Einsetzaufgabe: Tipp _____

A Überprüfe, ob der vollständige Satz einen Sinn ergibt.

B Verwende zuerst die Wörter, bei denen du ganz sicher bist.

C Denke bei dieser Aufgabe daran, dass nur eine Antwort richtig ist.

D Vergleiche die Aussagen in der Aufgabe genau mit den entsprechenden Textstellen.

E Formuliere die Antwort mit eigenen Worten.

Einen Sachtext über eine Autorin aufbereiten

Du möchtest ein Autoren-Portfolio über Suzanne Collins anlegen.
Dazu musst du den Sachtext auf S. 137 aufbereiten. Wähle dazu Aufgabe 1 oder 2.

1 **a** Markiere in dem Sachtext auf S. 137 die Jahreszahlen und die zugehörigen Ereignisse.

b Entwirf einen Zeitstrahl für das bisherige Leben von Suzanne Collins.
Trage die Jahreszahlen ein und schreibe Stichworte zu den Ereignissen auf.
Tipp: Sieh dir noch einmal den Zeitstrahl zu Bertolt Brecht auf S. 136 an.

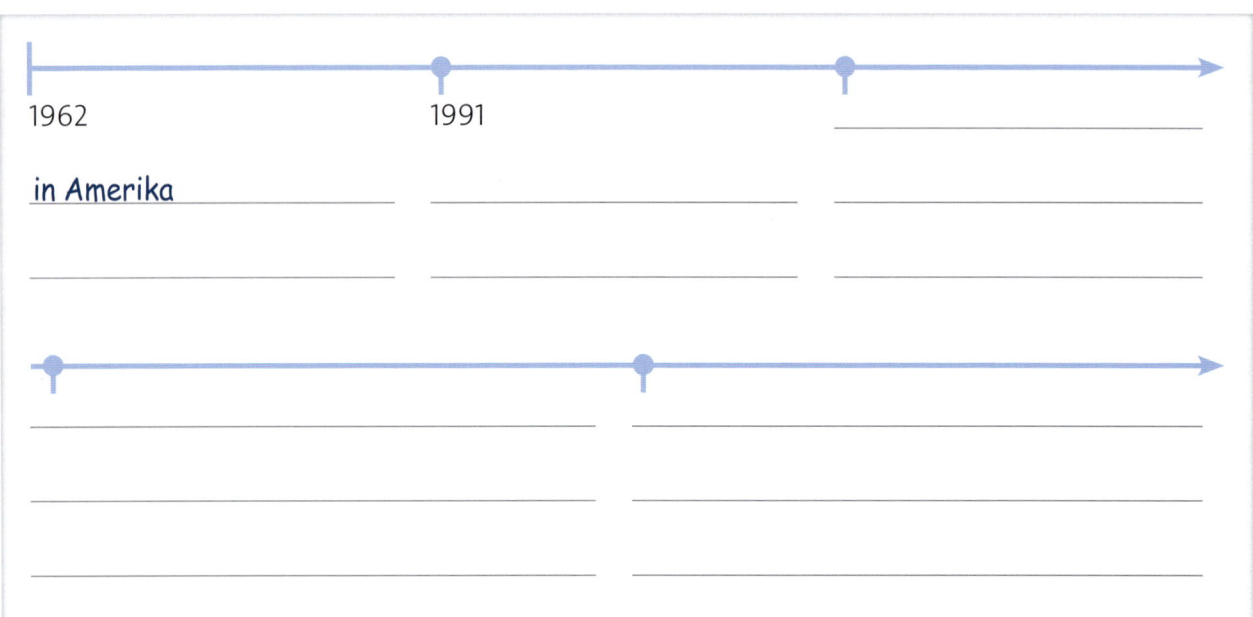

1962   1991

in Amerika

2 **a** Lies noch einmal das ausgedachte Interview mit Bertolt Brecht auf S. 135.

b Gestalte ein Interview mit Suzanne Collins. Gehe so vor:
  – Unterstreiche in dem Sachtext auf S. 137 Stellen, in denen es um die Ansichten und Gefühle
    von Suzanne Collins geht. Achte besonders auf die Textabschnitte 2 und 4.
  – Überlege dir drei Fragen zu den Ansichten und Gefühlen.
  – Schreibe die Fragen auf und beantworte sie aus der Sicht von Suzanne Collins.

Frau Collins, Sie wollten eigentlich Schauspielerin werden. Warum haben Sie sich dann doch

anders entschieden?

Suzanne Collins:

Kulturelle Angebote in der Region kennen lernen

1 Wo kannst du dich über kulturelle Veranstaltungen in deiner Umgebung informieren?

a Ordne die Begriffe aus dem Kasten unten den Abbildungen A–D zu.

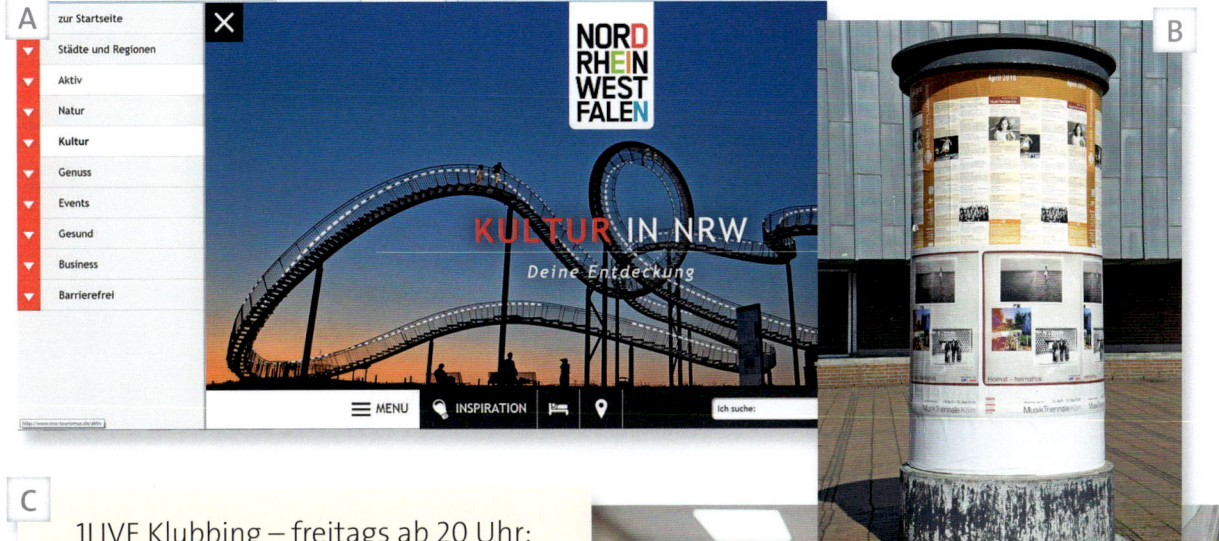

Radio · Internetseite · Flyer und Broschüren · Litfaßsäule

A _____   B _____

C _____   D _____

b Wo kannst du dich noch informieren? Schreibe weitere Möglichkeiten auf.

_____

2 Informiere dich über kulturelle Veranstaltungen in deiner Umgebung.
Wähle eine Veranstaltung aus, die dich interessiert. Beantworte dann die folgenden Fragen.

Wo hast du dich informiert? _____

Welche Veranstaltung hast du ausgewählt? _____

Bildquellenverzeichnis

Autoren- und Quellenverzeichnis

Burgemeister, Stefanie: Heideland, wie bist du so schön (Auszüge, S. 56 f., 59, 60, 61). Aus: Großband 1. Krone der Liebe. Drei bezaubernde Liebesromane in einem Band. DigiBuch EU: Kansas City/Missouri 2014, S. 43 f., S. 6 f. Texte gekürzt und vereinfacht.

Collins, Suzanne: Die Tribute von Panem (Auszüge, S. 90 f., 94 f., 97, 99 f., 102, 103). Aus: Die Tribute von Panem. Tödliche Spiele. Aus dem Englischen von Sylke Hachmeister und Peter Klöss. Oetinger Taschenbuch, Hamburg 2012, S. 7–11, 21–26, 27–30, 79–82, 264 f., 381–385. Texte gekürzt und vereinfacht.

Die Ärzte: Deine Schuld (Auszug, S. 72). Werk: Deine Schuld / T: Urlaub, Farin / Copyright: PMS Musikverlag GmbH, Berlin.

Frerichs, Stefan: Machen Fernsehen oder Computer gewalttätig? (S. 26). Aus: http://www.ard.de/home/ard/Gewalt_in_den_Medien_Machen_Medien_gewalttaetig_/76046/index.html?articleSectionIndex=0Südwestrundfunk, 29.02.2012 [28.06.2017]. Text gekürzt und vereinfacht.

Gier, Kerstin: Liebe geht durch alle Zeiten: Saphirblau (Auszug, S. 54 f.). Aus: Saphirblau. Liebe geht durch alle Zeiten. Arena Verlag, Würzburg 2010, S. 19 f. Text gekürzt und vereinfacht.

Hitler, Adolf: Rede an die Hitlerjugend (Auszug, S. 52). Aus: Die Reden Hitlers am Parteitag der Freiheit 1935. Franz Eher Nachf., München 1935. Text gekürzt und vereinfacht.

Kacvinsky, Katie: Die Rebellion der Maddie Freeman (Auszüge, S. 12, 14). Aus: Die Rebellion der Maddie Freeman. Aus dem amerikanischen Englisch von Ulrike Nolte. Boje Verlag, Köln 2011, S. 7–9, 47–49. Texte gekürzt und vereinfacht.

Meyer, Angela & Stieler, Wolfgang: Videoüberwachung in Schulen (S. 48). Aus: Zweifelhafter Notanker. Videoüberwachung in Schulen. Heise Online vom 23.02.2004. http://www.heise.de/ct/artikel/Zweifelhafter-Notanker-289218.html [28.06.2017]. Text gekürzt und vereinfacht.

Ostwald, Gisela: Suzanne Collins über ihren Erfolg (S. 137). Aus: Die Berliner Literaturkritik vom 01.02.2011. http://www.berlinerliteraturkritik.de/detailseite/artikel/suzanne-collins-ueber-ihren-erfolg.html [28.06.2017]. Text gekürzt und vereinfacht.

Özdogan, Selim: Zuerst den Linken (S. 65 f.), Bist du gestern ... (S. 67). Aus: Trinkgeld vom Schicksal. Aufbau-Verlag, Berlin 2003, S. 84 f. Texte gekürzt und vereinfacht.

Pfennig, Jörn: Freiheit (S. 75). Aus: Grundlos zärtlich. Gedichte. Edition Talberg, Lüchow 2011.

Röder, Marlene: Schiffe (S. 68), Wie geht es dir ... (S. 71). Aus: Melvin, mein Hund und die russischen Gurken. Ravensburger Buchverlag, Ravensburg 2011, S. 7–11. Texte gekürzt und vereinfacht.

Seul, Michaela: Allmorgendlich (S. 62 f.). Aus: Kristiane Allert-Wybranietz (Hrsg.): Abseits der Eitelkeiten. Heyne, München 1987, S. 23. Text gekürzt und vereinfacht.

Timtschenko, Maria: Jugendliche im Fitnessstudio: Ich pumpe, also bin ich (S. 85). Aus: Spiegel Online vom 09.12.2013. http://www.spiegel.de/schulspiegel/leben/jugendliche-im-fitnessstudiohobby-sport-oder-koerperwahn-a-919483.html [28.06.2017]. Text gekürzt und vereinfacht.

Vossenkuhl, Wilhelm: Freiheitsrechte (S. 47). Aus: Philosophie. Basics. Piper Verlag, München 2004, S. 16–17. Text gekürzt und vereinfacht.

Wege, Barbara: Trendsport Kinderfitness: Gesund oder gefährlich? (S. 89). Aus: Focus. http://www.focus.de/familie/kindergesundheit/gesundoder-gefaehrlich-trendsport-kinderfitness_id_1849646.html [28.06.2017]. Text gekürzt und vereinfacht.

Unbekannte/ungenannte Autorinnen und Autoren

S. 8: Die neuen Netzmedien ... Aus: Keppler, Angela im Interview mit Dana Hofmann: Smartphones verändern Alltagskommunikation. SWP vom 16.12.2013. http://www.swp.de/ulm/nachrichten/wissen/mensch/Smartphones-veraendern-Alltagskommunikation;art1185449, 2359884 [27.06.2017]. Text gekürzt und vereinfacht. **S. 11:** Was kommt wohl nach ... Aus: Sabine Krätzschmar: KIKA Erde an Zukunft. http://www.kika.de/erde-an-zukunft/sendungsinfos/kommunikation102.html [27.06.2017]. Text gekürzt und vereinfacht. **S. 16:** Durch digitale Medien ... Aus: BMFSFJ Kinder und Jugend vom 04.12.2014. http://www.bmfsfj.de/BMFSFJ/kinder-und-jugend,did=212070.html [27.06.2017]. Text gekürzt und vereinfacht. Drei Formen der Teilhabe ... Aus: Schmidt, Jan-Hinrik: Formen der E-Partizipation von Jugendlichen im Internet. In: TU Dortmund, FK 12, Forschungsverbund Deutsches Jugendinstitut e. V. (Hrsg.): Politische Partizipation Jugendlicher im Web 2.0. Chancen, Grenzen, Herausforderungen. Eigenverlag Forschungsverbund DJI/TU Dortmund, Dortmund 2015, S. 16. Text gekürzt und vereinfacht. **S. 18:** Gewalt als Männlichkeitsbeweis ... Aus: Die Funktionen von Gewalt. Berghof Foundation Operations GmbH, Berlin 2012. http://www.friedenspaedagogik.de/themen/zivilcourage/voraussetzungen_fuer_gewaltfreies_handeln__1/erziehung_zur_gewaltfreiheit/die_funktionen_von_gewalt_kennen [27.06.2017]. Text gekürzt und vereinfacht. **S. 19:** Lehrer in Frankreich ohrfeigt Schüler – und bekommt Zustimmung. Aus: Spiegel Online vom 07.02.2008. http://www.spiegel.de/schulspiegel/ausland/furor-in-frankreich-lehrerohrfeigt-schueler-und-erntet-zustimmung-a-533578.html [27.06.2017]. Text gekürzt und vereinfacht. **S. 20:** Im Jahr 2000 ... Aus: Pfeiffer, Christian: Wandel der Kindererziehung in Deutschland – Mehr Liebe, weniger Hiebe. In: SZ Online vom 15.01.2012. http://www.sueddeutsche.de/politik/wandel-der-kindererziehung-indeutschland-mehr-liebe-wenigerhiebe-1.1258028 [27.06.2017]. Text gekürzt und vereinfacht. **S. 21:** In einer Umfrage ... Aus: Fast die Hälfte der Eltern schlägt ihre Kinder. In: ZEIT Online vom 12.03.2012. http://www.zeit.de/gesellschaft/familie/2012-03/erziehung-eltern-schlaege [28.06.2017]. Text gekürzt und vereinfacht. Frau Walter äußert ... Aus: Melitta Walter: Warum schlagen Eltern ihre Kinder? In: Strafen in der Familie. Schlagen verboten! BR Ratgeber vom 20.03.2012. http://www.br.de/themen/ratgeber/inhalt/familie/kinderrechte-gewalt-erziehung100.html [28.06.2017]. Text gekürzt und vereinfacht. **S. 25:** PKS: Entwicklung der Jugendkriminalität seit 2008 (Grafik). Aus: Jugendgewalt. Themen-Abend im Ersten. Wie viele Jugendliche in Deutschland werden straffällig? Das Erste. http://www.daserste.de/unterhaltung/film/themenabendjugendgewalt/statistik-jugendgewalt-100.html [25.09.2015]. **S. 28:** Ist der Warnschuss ein vernünftiges Mittel? Aus: Müllerhoff, Klaas; Nagel, Udo: Pro & Kontra. Ist der Warnschuss ein vernünftiges Mittel? In: Stern Online vom 15.01.2008. http://www.stern.de/politik/deutschland/pro---kontra-ist-der-warnschuss-ein-vernuenftiges-mittel--3221810.html [28.06.2017]. Text gekürzt und vereinfacht. **S. 31:** Text „Humanoider Roboter": Liste der Autoren ist in der Wikipedia verfügbar, https://de.wikipedia.org/wiki/Humanoider_Roboter#%2Fmedia%2FFile%3AHumanoider-Roboter-DASA. JPG, lizenziert unter CC-BYSA-3.0. **S. 44:** Definition „vogelfrei". Aus: DWDS-Wörterbuch: vogelfrei. http://www.dwds.de/?view=1&qu=vogelfrei [22.12.2015]. Text gekürzt und vereinfacht. „Kehre zu den Deinen zurück" Aus: Karl May: Durchs wilde Kurdistan. Karl-May-Verlag, Bamberg 2001. Sommerlaune stellt sich ein ... Aus: Kaddi Cutz: Wenn die Sonne lacht. In: Biergarten-Special – Teil 2. Blitz! Das Stadtmagazin 2015. http://www.blitz-world.de/dresden/dre-gast1507.htm [22.12.2015]. Text gekürzt und vereinfacht. **S. 46:** Wenn ich nur ...; Wenn ich aber ... Aus: Johannes Conrad: Wenn ich nur darf. In: Praxis Deutsch, Heft 226/2011. Friedrich Verlag, Seelze 2011. Text leicht verändert. **S. 87:** Auf immer miteinander verbunden. Aus: Kölner Stadt-Anzeiger online vom 28.11.2013. http://www.ksta.de/region/euskirchen-eifel/tattoos-auf-immermiteinander-verbunden-1917720 [28.06.2017]. Text gekürzt und vereinfacht. **S. 135:** Bertolt Brecht – Wichtige Lebensdaten. Nach: Chronik. Wichtige Daten im Leben Brechts. FAZ Online vom 07.08.2006. http://www.faz.net/aktuell/feuilleton/chronik-wichtigedaten-im-leben-brechts-1357233.html [28.06.2017]. Text gekürzt und vereinfacht.

Impressum

Redaktion: lüra – Klemt & Mues GbR, Wuppertal

Illustrationen:
Stefan Bachmann, Wiesbaden: S. 3 unten, 72, 75, 77
Bildbad, Berlin: S. 18, 22, 24, 34, 36, 38, 44, 62, 65, 67, 68, 70, 83, 123, 124, 126
Maja Bohn, Berlin: S. 54, 58, 60
Bianca Schaalburg, Berlin: S. 13, 15

Umschlaggestaltung: werkstatt für gebrauchsgrafik, Berlin

Umschlagfoto: Shutterstock/Edyta Pawlowska

Layoutkonzept: werkstatt für gebrauchsgrafik, Berlin

Technische Umsetzung: zweiband.media, Berlin

www.cornelsen.de

Soweit in diesem Lehrwerk Personen fotografisch abgebildet sind und ihnen von der Redaktion
fiktive Namen, Berufe, Dialoge und Ähnliches zugeordnet oder diese Personen in bestimmte Kontexte
gesetzt werden, dienen diese Zuordnungen und Darstellungen ausschließlich der Veranschaulichung
und dem besseren Verständnis des Inhalts.

Die Webseiten Dritter, deren Internetadressen in diesem Lehrwerk angegeben sind,
wurden vor Drucklegung sorgfältig geprüft. Der Verlag übernimmt keine Gewähr
für die Aktualität und den Inhalt dieser Seiten oder solcher, die mit ihnen verlinkt sind.

1. Auflage, 1. Druck 2017

Alle Drucke dieser Auflage sind inhaltlich unverändert
und können im Unterricht nebeneinander verwendet werden.

© 2017 Cornelsen Verlag GmbH, Berlin

Druck: Athesiadruck GmbH

ISBN 978-3-06-068014-6

PEFC zertifiziert
Dieses Produkt stammt aus nachhaltig
bewirtschafteten Wäldern und kontrollierten
Quellen.
www.pefc.de

PEFC/18-31-166